AF276368

DE LA ANGUSTIA A LA PAZ

Marie de la Trinité
DE LA ANGUSTIA A LA PAZ

RELATO DE UNA MONJA
DESDE LOS LÍMITES DE LA LOCURA

Título original: *De l'angoisse à la paix*, colección «Carnets Spirituels nº 212» Autora: Paule de Mulatier (Marie de la Trinité). Publicado en Ediciones Arfuyen.

© De la carta del Dr. Lacan, Jacques-Alain Miller
© De su texto, Erminia Macola
© Del posfacio y de la traducción de *De l'angoisse à la paix* y *Le petit livre des grâces*, Enric Berenguer

De la imagen de cubierta:
María Magdalena en éxtasis, de Artemisia Gentileschi, 1620-25.

Derechos reservados para todas las ediciones en castellano

Primera edición: febrero de 2018
Segunda edición: mayo de 2024

© Ned ediciones, 2024

Preimpresión: Editor Service, S.L.
www.editorservice.net

ISBN: 978-84-19407-43-6
Depósito legal: B 8037-2024

Impreso en Ulzama

Impreso en España
Printed in Spain

La reproducción total o parcial de esta obra sin el consentimiento expreso de los titulares del *copyright* está prohibida bajo el amparo de la legislación vigente.

Ned Ediciones
www.nedediciones.com

Índice

Nota del editor

La obra que el lector tiene en sus manos recoge los siguientes documentos: la carta de Jacques Lacan a Marie de la Trinité, escrita el 19 de septiembre de 1950. Forma parte de la correspondencia inédita entre Marie de la Trinité y Jacques Lacan. Se publica aquí en castellano gracias a la amable autorización de Jacques-Alain Miller. El texto original se encuentra en *Le nouvel Âne*, nº 9 (septiembre de 2008). A continuación, el texto «De la angustia a la paz», escrito por Marie de la Trinité en 1956 y dirigido al Dr. Jacques Lacan. La edición original se encuentra en *De l'angoisse à la paix, relation pour Jacques Lacan*, Éditions Arfuyen, 2003. Y, por último, el testimonio escrito, dirigido al padre Chauvin en 1937, de la Primera Gracia, experiencia mística inaugural de Marie que tuvo lugar el 11 de agosto de 1929. Está extraído del *Pequeño libro de las gracias*, inédito en castellano. La edición original se encuentra en *Le petit livre des grâces*, Éditions Arfuyen, 2002.

La iniciativa de este volumen fue en su día de nuestro querido colega Paco Burgos, a quien dedicamos esta publicación.

Rue de la Pompe, donde vivió Marie de la Trinité durante su análisis con Lacan. Lacan había vivido en esta misma calle de joven durante sus estudios de medicina.

Carta del Dr. Lacan

Mi querida hermana:

Le remito la breve nota que le destinaba ayer noche antes de recibir su carta de esta mañana. Incluso me ocupé personalmente de llevársela antes de una cena que tenía para el Congreso. Por desgracia, por una razón que todavía no he elucidado, la dirección que había anotado es «178 *rue de la Pompe*»; por este motivo renuncié, tras llegar a ese lugar, a proseguir con mi tentativa de encontrarla.

De todas formas, se la adjunto a esta carta para que sepa con qué ánimo apelaba a usted: el de no dejarla sola en el desamparo en el que sentí que se encontraba en cierto momento, del todo perdida.

Entiéndame usted ahora. La acción que ha emprendido para resolver la dificultad moral en la que se encuentra; eso es lo que debería ser objeto de nuestras sesiones. Quiero decir, el modo en que usted va a conducirla, en que va a reaccionar, los recuerdos y los sentimientos, incluso los sueños que surgirán correlativamente durante las sesiones (y verosímilmente sin una relación directa, en apariencia). Esto es lo que nos permitiría llegar a las subyacencias arcaicas que intervinieron en torno y mediante el ejercicio de su voto de obediencia.

Esto es lo que, al leer su carta, veo que usted no ha entendido: mi objetivo no es enseñarle a librarse de ese vínculo —sino, descubriendo qué lo ha hecho para usted manifiestamente tan patógeno, permitirle que lo satisfaga en adelante con toda libertad—. Ya que, si fue en torno al ejercicio de este deber que se desencadenaron las fases más perturbadoras de su drama, es porque allí es donde se pusieron en juego imágenes para usted desconocidas y de las que no es dueña; esto es lo que yo llamé vagamente: temas de dependencia. E indagarlas no constituye una iniciación a la revuelta, sino una perspicacia indispensable para la puesta en práctica de una virtud. Es preciso, por tanto, que siga usted con las sesiones, mientras intenta ponerse de acuerdo con su conciencia. Ya que es este el momento fecundo del que trato de obtener un paso decisivo para el análisis.

Y es preciso que confíe en mí para salir de ese momento. La encierro en él por ahora, precisamente para extraer el efecto del que está preñado.

El modo contrario de tomar las cosas —su forma actual— es un modo formalista de considerarlas, que ignora el carácter irremediablemente intrincado de sus mejores movimientos, con ese nudo secreto que los hizo para usted tan ruinosos.

Y que estamos aquí para resolver juntos.

Venga, pues, a verme cuanto antes.

Y no cuente con una correspondencia más prolongada, ya que de ello no obtendría más que una pérdida de tiempo.

Por mi parte, confío en usted para decirle hasta pronto —llámeme por teléfono mañana, a las nueve, por ejemplo—. Ya que saldré temprano hacia el Congreso.

Jacques Lacan
París, 19 de septiembre de 1950

Hospital psiquiátrico de Bonneval donde estuvo
ingresada Marie de la Trinité.

Patio del inmueble de 5 *rue de Lille*, donde se encontraba
el consultorio de Lacan al que acudió Marie de la Trinité.

A Paco Burgos

FLAVIGNY-s-OZERAIN — Maison Lacordaire — La Chapelle

En esta capilla del convento de Flavigny
tuvo Marie su gracia mística en 1929.

De la angustia a la paz

Relación escrita para Jacques Lacan

1

La cura de sueño comenzó en malas condiciones.

Los primeros síntomas de desequilibrio habían aparecido 10 años antes; iba a médicos desde hacía ocho años. Acababa de pasar cuatro años en una cura psicoanalítica: una angustia más.

Estaba desde hacía 15 días en Bonneval, en el servicio libre.[1] El Dr. B., argentino, era el único que me había examinado; no tenía mucha confianza en él, debido a su juventud, sinónimo de inexperiencia, y de su nacionalidad. El Dr. E. pasaba a veces de prisa, acompañado de internos. Qué responder a sus preguntas sino: «Todo va muy bien».

Durante estos quince días, me habían hecho un tratamiento de insulina (choque húmedo), que había provocado, me parece, un agravamiento de las obsesiones. La enfermera, un día, me había llamado para una electronarcosis; me dio

---

1. N. de T.: régimen de ingreso voluntario en el hospital.

un dolor en la columna vertebral que me duró varios meses —eso es todo—.

Por otra parte, en la habitación de tres camas donde me encontraba, había una joven, madre de dos niños, que llevaba allí cinco años. Había seguido algunos tratamientos, ahora no le hacían nada. Me pareció que se había refugiado en el hospital para evitar enfrentarse con la vida, con su marido y con sus hijos; que el doctor consintiera en mantenerla allí me pareció una triste complicidad con lo que tenía todas las apariencias del egoísmo. La tercera ocupante era una chica de Chartres que estaba ahí sin que nadie se ocupara de ella. Estos dos casos me dejaron perpleja respecto a lo que podía augurar de mi estancia allí.

Desde el punto de vista religioso, no puedo decir que mi superiora hubiera consentido positivamente en que yo fuera a Bonneval. Como mucho se había abstenido de oponerse. Me angustiaba esta desaprobación tácita, porque estaba acostumbrada a conducirme siempre de acuerdo con su pensamiento, no por inclinación personal, sino por espíritu religioso.

Durante estos primeros 15 días, me contrariaron mucho las formas de proceder de la hermana del servicio, que se vanagloriaba de seguir cursos de «psicología», maravillada como estaba de la fineza de juicio que allí adquiría. Resulta que esta religiosa inventó todas las formas posibles de impedirme ir a misa durante la semana. Al sexto día de mi presencia allí, me dijo: «El señor cura confiesa hoy y tiene usted que irse a confesar» (la confesión, al menos semanal, es en efecto una prescripción del derecho canónico para los religiosos y religiosas). Le respondí a la hermana que el obispo del que yo dependía me había dado la dispensa en lo que a esto se refiere, y que ella no debía entrometerse en el asunto: «Irá usted a confesarse, si no, el señor cura no le dará más la comunión. Ya le he puesto sobre aviso, él sabe quién es usted».

En mi fuero interno me sentía culpable por concederme este tiempo de reposo: se me antojaba que era el colmo del egoísmo y de la pereza.

Para enfrentarme a la angustia, me había llevado una cantidad inverosímil de trabajos que hacer: todo ello llenaba dos sacos grandes y una maleta. También había varios libros, dos Biblias para comparar las traducciones, un Nuevo Testamento griego para aprendérmelo de memoria en los momentos libres: prueba evidente de la perturbación que la angustia producía en la lucidez de mi juicio. Además, había vuelto dos días a París y me traje más trabajos y nuevos libros. Prácticamente, no hice ni leí casi nada; pero, empujada por las obsesiones, escribía cartas interminables, con la esperanza de que me aliviaran: en vano.

Evitaba las comidas tanto como me era posible. Desde hacía nueve años todo lo relativo a los alimentos me obsesionaba: ya sea que los tomara o que me abstuviera.

2
Cura de sueño

Una vez decidida la cura de sueño, fui instalada en una habitación del «pensionado». Para la cena de la primera noche, me mezclaron con señoras mayores más o menos desequilibradas —las contemplaba con aprensión por si iba a volverme como ellas—.

La religiosa del servicio estaba, supuestamente, enferma, no se la veía por allí. Estábamos en los primeros días de abril, hacía frío. Vi que sólo ponían en mi cama dos mantas delgadas, mientras que una tercera cuidadora fijaba al azar papeles de diario viejos en las ventanas para oscurecer la habitación.

Temiendo resfriarme, pedí más mantas: mi petición fue mal acogida —con mala gana, una de las chicas trajo una pequeña manta—.

Vi que había una estufa y pedí un poco de fuego. Entonces, llegó el Dr. B. y dio orden de encenderla.

Luego apareció la hermana del servicio, muy irritada: «Desvístase inmediatamente. Veremos si sabe usted lo que es obedecer, ya que es religiosa».

Como no lo hacía lo bastante deprisa, añadió, esta vez furiosa: «Si se lo toma usted así, se va a enterar».

Me arrojó bruscamente sobre la cama y me puso una inyección: caí enseguida inconsciente.

De repente, me desperté; me habían desvestido y acostado y por la habitación había un ir y venir. Todo el personal del pensionado se había reunido en mi habitación. Oí vagamente: «La casa se va a quemar —fuego en la chimenea—. Llévense la estufa». Al parecer, unos cuervos habían anidado sobre la chimenea y se había prendido fuego.

Todo esto me pareció trágico. Sentí que la reprobación general pesaba sobre mí. Me hicieron tragar una cantidad considerable de píldoras y me dormí aterrada, deseando no volver a despertarme y morir así para que al fin todo terminara, ya que aquello era un tormento.

3
Durante la cura de sueño

De la cura en sí, recuerdo que el insomnio nocturno se hizo cada vez más frecuente y angustiante. Mi cuerpo, bajo el efecto de los productos químicos absorbidos, desprendía un olor a cadáver que impregnaba el colchón y la almohada. La mujer del servicio que venía por la mañana era dulce y buena; la enfermera nocturna se olvidaba constantemente de darme las pastillas y luego me las hacía tomar todas. Hasta medianoche, oía una emisora de radio —a veces gritos nocturnos de algún enfermo demente—.

Ningún recuerdo de las visitas del Dr. B. Me acuerdo de que me resfrié y tuve fiebre, así como algunos tratamientos de resultas de este resfriado.

Estos recuerdos emergen como islotes de un fondo de inconsciencia; de esta misma manera, vivía acontecimientos ínfimos.

Las comidas, durante la cura, no supusieron ninguna dificultad. Me consideraba como al margen de mi situación mental normal, aunque para mí no era más que un paréntesis. También me persuadían de que si no comía, no me curaría. Por otra parte, las obsesiones habituales seguían su curso y su ciclo como en otros momentos, o sea, constantemente.

Los insomnios nocturnos estaban llenos de terror. Sólo recuerdo un sueño:

- Estaba en un lugar donde había muchos libros. Me dicen: «Hay demasiadas cosas en todos estos libros. Ábralos, tome lo esencial de cada uno». Los abrí sucesivamente, eran todos libros viejos, cosidos; yo iba desprendiendo las páginas «esenciales» con una perfecta seguridad de elección y una gran facilidad. En el propio sueño, estaba sorprendida de mi lucidez, de la calma y la seguridad interior con que discernía a primera vista lo esencial y dejaba caer las hojas y las ideas sobrantes que iban antes o después.
- Luego descubrí piedras preciosas de diversos colores; me dieron papeles también de diversos colores, y les dije a muchas personas que se encontraban conmigo y estaban bajo mi responsabilidad: «Que cada una tenga cuidado de hacer casar un papel con una piedra preciosa, se quedará con la piedra».

De hecho, los colores y las piedras preciosas eran la última percepción que había permanecido «sensible» en mí. Había reunido toda una colección (de piedras falsas). Hubo toda una fase de mi enfermedad en la que me adentré tanto como pude en el simbolismo de los sonidos, de los colores, de las líneas. Sólo allí encontraba algún vestigio de que hay en la tierra algo llamado «vida» y que yo ya nunca experimentaba: sólo me quedaba de ella un recuerdo lejano, pero nunca nada actual. Todo lo que vivía, nunca era más que una reviviscencia de cosas vividas con anterioridad y que se reproducían, variando tan sólo sus combinaciones.

De este modo, reemplazaba mediante construcciones simbólicas el vacío mortal de todo lo real actual.

¿No es más que una hipótesis? ¿Tiene algún fundamento real? Me pareció, debido a este sueño, que la cura de sueño, hasta ese momento, me había hecho recorrer un camino retrógrado, de tal modo que había alcanzado en mí misma aquel estadio de la enfermedad en el que me había refugiado en los colores y los simbolismos.

Hacia el séptimo u octavo día, la confusión empezó a ser intolerable; su densidad aumentaba en las noches de insomnio, y los remordimientos, la culpabilidad, remontaban desde no sé qué profundidades.

¿Qué había ido yo a hacer allí? Quizás iban a tenerme allí cinco años, como a aquella joven. Y ¿en qué manos había caído? Ningún médico se ocupaba de mí: mi destino era el mismo que el de aquella chica de Chartres. De hecho, recuerdo a las enfermeras que venían cada día —pero el doctor sólo debió de ir en los momentos en que yo dormía profundamente, y ni en aquel momento ni luego tuve conciencia alguna de sus visitas—.

Además, yo era gravemente culpable por haber arrancado, mediante hábiles apariencias de obediencia, el permiso dado a desgana para llevar a cabo esta cura de sueño; convenía que Dios me castigara y que lo hiciera lo antes posible.

Había ido allí en busca de reposo, para relajar mi mente lejos de mi convento, con el falso pretexto de una falsa enfermedad, mi pretendido amor por Dios siempre había sido falso, yo era una hipócrita y Dios abomina de los hipócritas, toda mi vida religiosa había sido escandalosa, yo había engañado a todo el mundo.

Había caído en una emboscada preparada por toda la conducta de mi vida: yo era la única responsable debido a mi perversidad, toda mi vida había tenido una única fidelidad, la fidelidad a mi perversidad y, a pesar de ello, por mentir, siempre quise conseguir que los demás tuvieran buena opinión sobre mí. Ahora toda esta malicia había sido descubierta y ya no podía seguir evitando las consecuencias.

Estas angustias no dejaron de crecer y de proliferar. Hacía el duodécimo día, creo, en el colmo del tormento, pedí suspender la cura. La última noche fue atroz:

— Sin duda iban a mantenerme allí hasta que muriera, iban a acelerar mi muerte sin que yo pudiera hacer nada: estaba encerrada, prisionera y nadie debía tener piedad de mí; era la hora del castigo.
— Iba a morir y a morir de podredumbre; iba a morir de esa podredumbre porque yo misma era una criatura sórdida, moralmente podrida; mi muerte iba a ser simbólica de mi vida.
— Todo aquello era perfectamente justo y se desarrollaba de acuerdo con una concatenación lógica a la que yo no tenía nada que objetar. Dios no era ni cruel ni injusto, era infinitamente bueno por haberme perdonado hasta entonces, y en comparación con lo que yo me merecía aquella muerte era un castigo irrisorio.

– La muerte era por tanto inminente y enseguida iría al infierno. Este pensamiento del infierno me aliviaba, en primer lugar porque era justo y, en segundo lugar, porque me libraría de la amenaza de lo peor y, sobre todo, me libraría de la angustia; esta liberación de la angustia me hacía el infierno infinitamente deseable. Todos los peores sufrimientos no son nada, en comparación con la angustia.

De modo que me dirigía a una muerte cierta. Una mañana, la mujer de servicio me encontraría muerta, de esa muerte por podredumbre, signo y castigo de mi infamia. Entretanto, las cuidadoras procurarían olvidarme expresamente, a la religiosa del servicio le daría igual, sólo abrirían la puerta cuando la fetidez de mi cuerpo se volviera insoportable.

Todos los diarios esperaban ese día para publicar en primera página el escándalo: «La supuesta hermana Marie de la Trinité, Paule de Mulatier, ha sido encontrada muerta, podrida, en una habitación del hospital psiquiátrico de Bonneval». Dirían que yo era una falsa religiosa y detallarían todas las falsedades de mi vida. Y tendrían razón.

El escándalo salpicaría a la Iglesia, al Papa y a los obispos, al estado religioso en general, a mi congregación, a mi convento, a mi familia. Y todo el mundo lo sabría.

Ya veía los caracteres enormes de todos los diarios —y la foto que me mostraría, podrida, en un rincón de la habitación: «La exhermana Marie de la Trinité».

Lo que me consolaba, en el colmo de esta aflicción, era que al fin se habría hecho la luz sobre mi caso —ya que, desde que soy religiosa, siempre he sido duramente criticada por unos y aprobada por otros, y mi persona siempre provocaba divisiones—. Había necesitado mucho tiempo para darme cuenta.

La cosa, al menos, iba a quedar clara: ya no sería ángel para unos, demonio para otros; ya sólo sería demonio y todo el mundo estaría al fin de acuerdo en pensar lo mismo. Si gracias a esto podía renacer la unidad, estaba muy bien.

Pensaba que, aunque debía ser condenada, aunque ya estuviera destinada a serlo, debía seguir rezando hasta el fin. De modo que traté de rezar. Imposible. Yo ya no era más que una masa de terror. Traté al menos de decir el padrenuestro, pero ya no encontraba las palabras siquiera, ni las demandas, porque la angustia me torturaba.

A medida que trataba de extraer de mi alma algo que Dios pudiera considerar como una llamada, un grito dirigido a él, me caían encima enormes manchas de color; se formaban encima de mí y caían a una velocidad vertiginosa como si yo les fascinara. Esperaba que me aplastaran, pero se disolvían en el momento de tocarme; me caían así, a millares. Estaban animadas, vivas, una danza infernal; durante su caída su forma se modificaba. El aire estaba lleno de ellas, en un silencio trágico.

Mi terror llegó a ser tal que sentí estar rozando la locura. La angustia ya no estaba vinculada a ningún motivo, ya nada la limitaba y nada en mí se le podía resistir, lo había sumergido todo.

4
Tras la cura de sueño

Por la mañana, como la víspera yo había pedido suspender la cura, hubo un malentendido y no vino nadie. El terror se apoderó de mí ante este abandono. Me decía: «Si esto sigue así, o si aumenta, voy a volverme loca». Sentía que todos los dedos de la mano izquierda y tres dedos de la mano derecha se habían vuelto insensibles: era, me parecía, el inicio de la podredumbre que iba a provocar mi muerte.

No podía salir, porque estaba encerrada. Llamaba, decía: «Abridme, os lo suplico». Nadie venía, pero yo oía a las chicas del servicio decir: «¡Oíd a la loca! ¡Vaya problemas que nos da ésta!».

Finalmente, hacia las 10, entró el Dr. B. Sólo insistió un poco para que consintiera en proseguir la cura. Yo temía volverme loca si seguía aquel tratamiento mortal —y, por otra parte, temía no curarme nunca si lo interrumpía, pero como este último mal me parecía menor que el otro, mantuve mi decisión—.

El Dr. E. también vino, con dos asistentes, no pidió nada, sólo dijo: «No hay que seguir, detengan la cura, ya no puede más».

En la báscula se dieron cuenta de que había perdido casi cinco kilos en esos 13 días. Aunque me parece que sólo dormí de día y no de noche, tomé la dosis de medicamentos necesaria para dos curas completas de sueño. Alrededor de mis ojos la piel se había adelgazado y secado como un pergamino, tal como la de una momia; cuando vi mi rostro, me causó espanto, era un rostro de terror.

Dos días después me fui de Bonneval. Estaba tan débil que a cada paso temía caerme. Me atormentaba la idea de una muerte inminente, quizás incluso súbita: me sucedería en la pequeña habitación de la *rue de la Pompe* a donde volvía, pero nadie se daría cuenta antes de que estuviera completamente podrida.

Entonces me di cuenta de que las obsesiones habituales habían desaparecido. Estaban formadas por angustias sucesivas que siempre se referían a los mismos puntos. Pero la angustia que acababa de soportar había sido más fuerte que todo lo que había experimentado durante los nueve años que habían durado las obsesiones.

Era lo que yo pensaba desde hacía mucho tiempo: si llegaba a experimentar algo más fuerte, las obsesiones cederían.

Pero era un círculo vicioso, porque aquellas obsesiones me impedían experimentar cualquier cosa que les fuera ajena.

El miedo que ahora experimentaba era extremo y continuo, pero sentía en mí que no era un miedo obsesivo, no lo sentía del mismo modo que las obsesiones. Era intenso, pero no obsesivo.

Todo en mí aspiraba a permanecer en la inercia que había experimentado durante la cura de sueño. Vivir me era odioso. La muerte no había acudido, pero gracias a la inercia podía hacer «como si» estuviera muerta. Ya sólo deseaba estirarme, no moverme, no pensar; reducirme a la existencia, eliminar de ella la vida.

La peor decepción fue descubrir que debajo de las obsesiones ya no quedaba nada; porque yo me imaginaba que una vez pasadas las obsesiones volvería a estar como antes.

En efecto, a lo largo de muchos años había ido quedando reducida poco a poco a tres planos:

- un plano que me mantenía en contacto con las realidades exteriores a través de las percepciones sensibles, pero estas percepciones estaban muy atenuadas, eran irregulares, eran constataciones de existencia, sin que yo tuviera relación con ellas: todo me era ajeno y yo era ajena a todo. Habría mucho que decir a este respecto, pero quizás es inútil;
- luego, el plano de las obsesiones, con el desarrollo ininterrumpido del ciclo propio de cada una, simultáneamente, teniendo en cuenta la diferencia radical entre obsesión y recuerdo;
- finalmente, todo el plano de la profundidad interior, espiritual, del que conservaba un recuerdo cada vez más lejano y que ahora ya nunca podía alcanzar: todos mis esfuerzos en este sentido sólo conseguían agravar las obsesiones.

Una vez desaparecidas las obsesiones, el contacto con este fondo de mí misma no volvió espontáneamente; además, todo lo que el curso de mi vida había acumulado con anterioridad había desaparecido, no quedaba nada.

También me di cuenta de que las obsesiones habían ejercido sobre mí tal influencia que me había identificado con ellas.

Aunque a regañadientes, reconocí que ellas me expresaban, eran yo misma —mientras que todo lo demás que se pudiera elaborar en mí me parecía artificial y ajeno—. Me sentí, por tanto, amenazada por no sé qué tendencia a volver a mis viejas obsesiones; tenía necesidad de ellas —por mucho que me atormentaran, gracias a ellas había conservado hasta entonces cierta impresión de vivir, más bien de sobrevivir. Cuando las obsesiones cesaron, esta impresión se desvaneció con ellas; este descubrimiento me resultó muy amargo—.

Por todas partes, en mí misma y fuera de mí, no encontraba más que vacío y soledad. Además, era incapaz de cumplir con los actos habituales de la vida espiritual.

Desde que había tomado conciencia de que estaba obsesionada, o sea hace alrededor de nueve años, sólo había podido rezar una vez, un día por casualidad, asistiendo a misa: desde el inicio de la misa hasta el *sanctus*. Todo lo que concernía de algún modo, aunque fuese indirectamente, a la vida espiritual producía una sobreexcitación de las obsesiones, de modo que tuve que acostumbrarme a pensar en otra cosa.

Al día siguiente de mi vuelta de Bonneval a París, tras entrar en una iglesia, pude rezar de nuevo, pero no duró más que algunos segundos y volví a encontrarme de nuevo emparedada.

Luego, estas constataciones vinieron a confirmar mi idea de que el lugar donde las obsesiones se habían anudado en mí era el de la conciencia espiritual, que es, creo, el plano experimental de mí misma más profundo y, al mismo tiempo, el más personal; es distinto de la conciencia moral. Las obsesiones movilizaban la conciencia moral, además del pensamiento, la afectividad, etcétera; pero el lugar del conflicto de donde habían nacido estaba mucho más allá de todo esto, que no es sino muy superficial en comparación con el lugar interior de dicha conciencia espiritual.

Me hubiera gustado mucho encontrar alguna ayuda, pero no la encontré, en verdad ninguna. No faltaban personas que hubieran podido ayudarme si hubieran comprendido de qué tenía necesidad, pero no lo comprendían. Además, yo seguía teniendo una fuerte tendencia a las reacciones desmoralizantes con cualquier motivo.

En esta situación, el primer paso que di fue persuadirme a mí misma, mediante un esfuerzo que me pareció desgarrador y vacío de vida, de que, si no había muerto, aunque para ello no hubieran faltado ocasiones y yo misma había ido dos veces a su encuentro, es que Dios quería que siguiera viva aún; pero me sentía a mí misma como con una apariencia de vida tan sólo y privada de la aptitud para vivir.

Mientras buscaba tristemente qué hacer, sintiendo todo mi ser atraído por la no existencia y teniendo que nadar, sin fuerza, contra la corriente, recordé un proverbio hindú que dice en substancia: «Siempre tiene uno el suficiente poder cuando acepta servirse de él».

El primer esfuerzo que tuve que hacer en esta dirección fue, precisamente, aceptar esto respecto a mi propio caso, admitir que quizás quedaba todavía en mí un poder, aunque infinitamente reducido —aunque fuese tan sólo, para empezar, el único poder de aceptar intentar poder—.

Lo más difícil no fue tanto dar este paso como atravesar todo lo que en mí se oponía a darlo. Lo hice. No se acompañó de ninguna experiencia de vida: era un paso mecánico, un paso de pierna artificial, pobre, doloroso, inerte, un paso de un milímetro.

Lo que me permitió darlo fue que ya no estaba obsesionada y que, por este motivo, había recuperado la posibilidad de movilizar mi atención y la energía que me quedaba hacia un objeto de mi elección. Esta atención era temblorosa, inquieta y enferma, pero podía disponer de ella; por lo demás, no tenía más que muertos en las manos.

5

Permanecí todavía 12 días antes de enfrentarme al retorno a mi convento; el miedo a una muerte inminente no me abandonaba —creo que este miedo fue una bendición: era preciso que la duración de mi existencia me pareciera muy corta, ya que no era capaz de enfrentarme a la idea de tener todavía varios años de vida en el estado en que me encontraba entonces—.

Si alguien se hubiera interesado en mis progresos, eso me hubiera ayudado, pero no había nadie.

De modo que ya no estaba obsesionada por los alimentos, pero en mí algo desfallecía y perdía pie en cuanto veía u olía alimentos.

De entre todas las razones por las que temía Flavigny, estaba la de las comidas. De hecho, tras volver allí en abril, no pude participar en las comidas en común hasta el mes de marzo siguiente y aún con ciertas condiciones. A mi vuelta nadie reparó en mí.

Yo hice todos los esfuerzos posibles para incorporarme como pude a aquella sociedad desértica que sentía tan indiferente a mi presencia como lo había sido a mi ausencia.

Rezar me resultaba imposible; todavía no había recuperado el sueño ni las sensaciones normales del cuerpo; nada me relajaba.

Entonces, me volví hacia el trabajo. De vez en cuando, una hermana venía a ayudarme. Era paciente conmigo y siempre me daba ánimos: contribuyó mucho a sacarme del pesimismo en el que estaba instalada en lo que a mí se refería.

Seguía sintiendo las heridas que me habían provocado algunos curas y religiosas, y mis disposiciones hacia ellos todavía eran muy ásperas; de todas formas, esto ya no tenía un cariz obsesivo.

Me había vuelto muy desconfiada con diversos religiosos y religiosas desde el día en que me percaté de cómo habían abusado de mi confianza, a la que estoy naturalmente inclinada, y de la proliferación de interpretaciones indebidas y tendenciosas que son capaces de propagar a su alrededor quienes sufren del mal de los celos —uno de los males más comunes— y lo ignoran.

Este descubrimiento fue para mí una decepción tanto más amarga y pesada cuanto que veía con claridad la relación entre mi depresión y tales actitudes. Entonces, me parecía que todo esto me había perjudicado necesariamente, como una causa produce necesariamente su efecto: grande era mi error, pues no me daba cuenta de que yo había provocado en parte, inconscientemente, aquellas actitudes; por otra parte, yo era libre de atribuirles la importancia y la significación que quisiera, y el modo de reaccionar ante ellas no me incumbía sino a mí. Todo esto, entonces no lo veía.

Mi vida anterior no me había dado la oportunidad de educar mi agresividad; esta educación fue tanto más difícil por el hecho de ser más tardía. Sólo pude ser lúcida en lo que a esto se refiere a partir del día en que pude disociar, ante mí misma y en lo relativo a este conjunto de situaciones y reacciones, el aspecto «responsabilidad» del aspecto «culpabilidad». Hasta ese momento, la angustia de una culpabilidad ineludible me cegaba.

A medida que pasaba el tiempo, mi juicio se consolidaba mediante el uso que ahora podía hacer de él; me apliqué, por tanto, a buscar de dónde había podido venir aquel terror en el que me había hundido durante mi cura de sueño y que había superado todos los miedos y todas las emociones de mi vida.

Me llamó la atención que los miedos sucesivos que escalonaron aquella cura de sueño hasta el espanto final seguían todos ellos un esquema común que se expresaba así:

– Una decisión tomada por mí, con fines que me parecen válidos, con todo bien ponderado.
– La interpretación desfavorable de mi decisión, que supone mi culpabilidad indudable, por personas mejor situadas que yo para juzgarlo.

– Frente al dilema, la adopción por mi parte de su punto de vista y el abandono del mío, mezclado con oleadas de angustia, con el sentimiento confuso de que la mala intención me era falsamente imputada, mientras que mi propia intención era realmente buena; y, sin embargo, que negarme a reconocer mis fallos, tan evidentes para los demás, era perversidad, tozudería, orgullo.

Advertí también que la moralidad de las cosas reprochadas no se debía a las propias realidades, que eran indiferentes, sino a la intención con vistas a la cual yo las había llevado a cabo. Ahora bien, ninguna de estas intenciones era culpable, sino que se les podía atribuir, desde fuera, una significación peyorativa. Este rasgo era común a todas las acusaciones.

Me causó asombro advertir igualmente que, sin discusión aunque llena de angustia, yo abandonaba el juicio de mi conciencia —a pesar de que tras una calmada reflexión, sola y ante Dios, lo había juzgado bueno— para acoger en su lugar un juicio del todo superficial, edificado sobre apariencias y que condenaba mis intenciones sin molestarse siquiera en informarse sobre ellas. ¿Por qué pesaba semejante duda sobre el valor de los juicios de mi conciencia? «Juicio» y «conciencia» eran ambos, en efecto, cuestionados.

Remontando de etapa en etapa en mi vida, constaté que todo esto era extremadamente antiguo o, más bien, que databa de mi primera infancia.

Siempre me había avergonzado mucho de mí misma, los recuerdos de mis vergüenzas volvían a mí en tropel, con este rasgo común a todos ellos de que era muy inferior a lo que hubiera debido ser y era una vergüenza para mi familia, en la que yo desentonaba.

Mi juicio personal (en cuanto que personal) no me había parecido válido, debido a ciertos hechos muy frecuentemente repetidos y una constatación:

– Los hechos están relacionados con el hábito que tenían mis hermanas de decir y repetir acerca de mí: «¡Es tonta, es demasiado tonta, nunca se ha visto a una tan tonta!». Además, se divertían mucho diciéndome, en el mismo tono, cosas verdaderas y otras falsas, gozando sin malicia de mi turbación, porque yo nunca sabía si debía creérmelas o reírme; cuando me equivocaba, todos se reían; entonces yo lloraba y mis pequeñas penas provocaban una mayor hilaridad aún. Como todos nos queríamos mucho, esto a los demás les parecía anodino, pero a mí me parecía trágico.

– Siendo muy joven constaté, comparándome con las personas con las que vivía, que yo estaba en mucha mayor comunión con la realidad concreta, sentía que vivía en ella, mientras que todo lo correspondiente al dominio de lo abstracto me parecía vacío y muerto, sin consistencia; al no saber qué hacer para acceder a aquello, pronto pensé que era incapaz de tener ideas y, en consecuencia, juicios justos: aquel dominio me superaba.

A esto hay que añadir que yo destacaba respecto a los demás por ataques de ira tan violentos como frecuentes. Cuando sufría un acceso de cólera, no conseguía evitar los estallidos que me permitían descargarme. Entonces, me consideraba muy culpable y, sin embargo, no podía actuar de otro modo: me sentía encadenada por una culpabilidad fatal. Creo que las causas de estas irritaciones infantiles eran puramente físicas; cuando me ponía insoportable, mamá me dejaba tres días en la cama y entonces volvía a estar tranquila y contenta con todo. Estos accesos de cólera eran breves, terminaban con un ruidoso arrepentimiento, acompañado de sollozos y de un desamparo desesperante. Algunas veces oía decir: «No es sincera cuando pide perdón, ya que siempre lo vuelve a hacer». De ahí, sin duda, nació mi inquietud acerca de que mi sinceridad fuera real.

Estas dudas sobre mí misma se desarrollaron más tarde debido a ciertas influencias clericales y religiosas que se dedicaron a ponerme en guardia contra lo que llamaban mi voluntad propia y mi orgullo. El poco caso que hicieron de los juicios de mi conciencia, las decisiones contrarias a esta última que me impusieron en nombre, decían, de su conocimiento de la voluntad de Dios respecto a mí, me perturbaron tanto más gravemente cuanto que el terreno estaba bien preparado. Aquellas personas tenían sin duda intenciones muy rectas y, sin embargo, fueron más allá del papel que les correspondía; la ingenuidad de mi obediencia y el candor de mi docilidad dieron pie también, por mi parte, a sus injerencias.

Como su juicio difería del mío también en puntos esenciales, como el de la forma de vida religiosa que respondía a mi vocación, el conflicto se instaló en lo más profundo de mí misma. Yo lo decía una y otra vez, pero no prestaban atención. Y como siempre se me decía que mi propia voluntad y mi orgullo deformaban mi juicio, y que siguiéndolo me alejaría de Dios, no osaba contradecir sus afirmaciones.

6
Camino recorrido desde hace tres años

Sola conmigo misma, entreví que en adelante no me quedaban más que dos soluciones posibles y que era preciso elegir:

– O bien terminar mi tiempo sobre la tierra replegándome en el duelo por mí misma y quedar definitivamente cautiva de las desgracias de mi vida: injusticias, celos, engaños-maldades, dureza, rivalidades.

Pero esta actitud era contraria a mi voluntad más profunda, porque yo nunca había dejado de intentar salir de esa opresión irrespirable, de esa viscosidad del mal que no se encuentra sólo en el corazón de los demás, sino también en el mío. Hasta ahora, las obsesiones habían puesto dique a toda la energía desplegada para desprenderme de la opresión de tales decepciones y amarguras.

– O bien aceptar el colmo de indigencia, de pobreza, al que me había reducido; me parecía estar del todo vacía de cualquier potencial espiritual, intelectual y afectivo —la vida era incolora, ya no tenía sentido, estaba quebrada, sólo quedaban de ella algunas migajas—. No sentía ninguna emoción, ningún sentimiento. No era sensible a ningún estímulo o, más bien, todo me provocaba tristeza.

Tenía en mente sin cesar que todo era fallido, sin remedio, incluida la realización de mi vocación. Espiritualmente, estaba atada y aletargada. Sintiéndome radicalmente incapaz de restablecerme, estuve a punto de abandonarlo todo. Un resto de lealtad, quizás de amor a Dios, me retuvo.

Además, para conseguir algo válido, debía hacerlo a contrapié de todo un comportamiento virtuoso al que me había aplicado más o menos desde la edad de 15 años, siguiendo las opiniones que había recibido de personas entregadas a la vida espiritual. ¿Me habían aconsejado mal?, ¿era yo quien había entendido mal? En cualquier caso, las consecuencias habían sido desastrosas, ya no podía ni imaginar remitirme a ellas.

7
Emprendiendo mi propia reeducación

He aquí los primeros cambios que introduje en mi comportamiento:

- En vez de remitirme habitualmente al juicio de los demás, me entrené en atenerme al mío, pero sin dejar de confrontarlo con puntos de vista diferentes.

– En vez de no ver en mí sino los defectos y las insuficiencias, dirigí obstinadamente mi mirada hacia mis aptitudes y las buenas realizaciones que conseguía. Evité deliberadamente entretenerme en mis deficiencias y fracasos: estaba aún demasiado deprimida para detenerme en ellos sin peligro.

Avancé de este modo por una vía lo más constructiva posible. Constaté, en lo que se refiere a mí y también a los demás, que toda deficiencia no es sino una laguna en una realidad válida, y que vitalizando esta última la deficiencia desaparece. Busqué la buena lección que se podía extraer de los fracasos, hice de ellos oportunidades para progresar. Me dediqué de este modo a emplearlo todo con vistas a mi restauración.

Lo veía claramente: o bien me reedificaba a mí misma, sobre mis ruinas y con la ayuda de estas mismas ruinas y contando sólo conmigo, o todo se había terminado.

Considerando la eventualidad de un fracaso final definitivo, me ejercitaba en pensar que, al final, aunque no hubiera alcanzado ningún resultado satisfactorio, quedaría aquel otro resultado, muy superior, de la constancia práctica, actual, del espíritu que quiere a pesar de todo renacer: ésta es la ley de la dura exigencia y de la esperanza.

Por lo demás, esta conducta es ciertamente la que siempre he seguido: si me condujo a *impasses* inquietantes, fue debido a regiones de sombra donde la lucidez de la mente todavía no había penetrado. Esas regiones oscuras ahora se iluminaban con una nueva luz, más humilde, más real, más humana

—hasta entonces ignoraba que la verdadera luz tiene tantos matices; los descubrí poco a poco—.

También tuve que aceptar mi originalidad, aunque los otros no la admitieran, y sacar de ella el mejor partido posible a pesar de la opinión de quienes me la reprochaban, cuyos temperamentos eran manifiestamente más pobres, menos dinámicos, menos abiertos que el mío: me la reprochaban aquellos que, por motivos personales, la temían —el resultado era que yo respetaba abiertamente su personalidad, aunque ellos se negaran a reconocer la mía—. Yo debía adquirir la suficiente independencia y autonomía para no hacer depender mi conducta de la de los demás, así como estar lo bastante en posesión de mí misma como para reaccionar de un modo constructivo y conciliador, incluso ante actitudes adversas.

Pensé que las críticas cesarían si evitaba cuidadosamente darles ocasión, sin privarme, con todo, de cumplir lo que juzgara bueno —pondría, por tanto, una atención particular en mi «manera» de actuar; estudiaría las de otros y observaría sus reacciones, no para pillarlos en falta, sino para discernir por qué vía abordarlos en un espíritu de concordia y de paz—.

Puse atención, en mi actitud exterior, en parecer ignorar las palabras o procedimientos desagradables que a menudo empleaban conmigo —dentro de mí buscaba una explicación que no acusara al otro y aprovechaba para ver en qué había podido ser yo difícil de soportar—.

Me apliqué constantemente, en estos últimos años, en educar mi afectividad, en amar verdadera, sincera, interiormente, en recibir a los otros en mi corazón. ¡Es tan fácil dispensarse de amar prestando un servicio! Consideré de qué modo nos ama Dios a todos: gratuitamente, sin reciprocidad, sin límites, efectivamente. Si Él no fuera Dios, se podría decir que nos pasamos la vida decepcionándolo —además, le ofendemos y Él perdona y sigue amando y colmándonos—. La redención ha acumulado por adelantado para nosotros todo el perdón necesario, la encarnación ofrece a nuestra libertad la posibilidad de una participación personal en el misterio esencial de nuestra fe: a lo que el conjunto del mundo, yo misma incluida, parece ser del todo indiferente.

En cuanto a la agresividad, no intenté destruirla, sino utilizarla, familiarizándome con ella, engatusándola para servirme de ella según la ocasión, ya que es necesaria. A lo largo de esta enfermedad, me he dado cuenta de que cualquier disposición positiva se refuerza con la existencia de la disposición contraria —si falta la disposición contraria, la otra corre peligro de perder vigor, carece de mordiente: las personas sanas no se dan cuenta, porque en ellas las tendencias contrarias están normalmente emparejadas y su interacción está bien ajustada—.

Al ser los defectos lagunas en tendencias buenas y los vicios desviaciones de dichas tendencias, lo que dará buenos resultados no es suprimirlas, sino enderezarlas si se trata de vicios o dinamizarlas si son defectos. Para conseguir esmerarme en ello sin fatigarme, lo convertí en objeto de cierta curiosidad científica, de un espíritu de descubrimiento y de creación.

Todo este camino lo he ido abriendo en el desierto, sin ningún apoyo exterior y, al comienzo, sin éxito, sin nada que me estimulara externamente —en medio de un grupo de religiosas indiferentes, desconfiadas y prevenidas contra mí—. Todavía hoy, estas prevenciones subsisten en parte en aquellas que me sucedieron en cargos que implican autoridad.

He conquistado, pues, progresivamente, con dificultad, la independencia de mi conciencia. Dios nos ha dado líneas de comportamiento muy generales, la Iglesia ha precisado algunas de ellas: yo me conduzco de acuerdo con estas luces, evitando los consejos intermedios y en un prudente silencio, para evitar las contradicciones que podrían envenenar las relaciones humanas, tan frágiles, quizás más frágiles en la vida religiosa que en otra parte. Dado que esta fragilidad es un hecho, hay que tenerla en cuenta: es ésta una prudencia elemental que me ha costado caro descubrir tan tardíamente. Ésta es, por tanto, la dirección en la que avanzo desde hace tres años.

Al comienzo, casi nunca conseguía tener la actitud y las reacciones que me proponía: las obsesiones habían trazado en mí profundos surcos —necesité mucho tiempo para cerrarlos—. Hasta entonces, dichos surcos se tragaban todo lo que estaba a su alcance y lo deformaban de acuerdo con este principio de Santo Tomás: «Quidquid recipitur ad modum recipientis recipitur».

Poco a poco, de acto en acto, de reinicio en reinicio, me desprendí del antiguo «modum recipientis» para instaurar uno nuevo. Éste es también, me parece, el sentido de la parábola de los odres antiguos y los nuevos, así como de aquella «metanoia» de la que habla sin cesar el Nuevo Testamento, que prepara el reino de Dios.

Lo mismo para los alimentos, aunque eran en sí mismos uno de los problemas más simples: necesité mucho tiempo para readaptarme a ellos con comodidad.

De este modo, sólo pude volver a las comidas en común a partir de marzo de 1954: no había vuelto allí desde hacía al menos siete años, salvo, desde hacía pocos años, al desayuno de la mañana. E incluso desde aquel mes de marzo, no permanecía en el refectorio más de 10 minutos y no podía servirme a mí misma en un plato grande. Tenían que servirme en platos pequeños, detalle justificado por la génesis de esta obsesión —la visión de platos grandes me provocaba un vuelco en el corazón, aunque no los tocara, pero ya no estaba obsesionada con este asunto y eso sólo me volvía en el momento de las comidas—.

Tan sólo desde este verano han desaparecido los últimos vestigios de esta fragilidad y puedo, sin una coerción anómala, comportarme en el refectorio como todo el mundo.

8
Trabajos y sociabilidad

Algunos meses después de la cura de sueño, fui elegida por la priora general, con otras dos hermanas, para trabajar en la revisión de nuestras constituciones. Le importaba sobre todo mi presencia, porque, como siempre me ha dicho, comprendo su pensamiento más profundamente y con más exactitud que cualquier otra. Además, en otra época había redactado para ella el primer texto de las constituciones que ahora se debía adaptar a nuestro mayor número, al haber pasado de 30 a alrededor de 450 religiosas, con las nuevas fundaciones en el Canadá, Luisiana y Sudán.

Trabajo arduo, árido, que tuve que hacer en circunstancias afectivas desfavorables. Mi mente no era del mismo calibre ni funcionaba de la misma forma que la de las hermanas con quienes trabajaba: mi visión era amplia; ellas veían sobre todo lo inmediato y lo circunscribían sólo a las realizaciones actuales. No querían seguir un plano, se fiaban de su inspiración —y así con todo—.

En el grupo de las hermanas que participaron sucesivamente en este trabajo, ninguna dio muestras de algo de benevolencia, de una buena acogida: hasta el final sentí que se limitaban a admitirme, me toleraban apenas, porque no podían hacer de otro modo debido a la priora general. Algunas, sin duda, hubieran preferido verme todavía en el fondo de mi depresión. Ni una sola manifestó el menor interés por mi mejoría.

Tras dos años de un trabajo asiduo y sin ninguna diversión, la priora general me encargó llevar a cabo una nueva redacción de todo el texto, sin ninguna hermana que me ayudara. Esta redacción pareció muy satisfactoria desde todos los puntos de vista, en el fondo y en la forma, a varios religiosos que la examinaron.

Llegó el capítulo general, reunido para una última revisión del texto, de esto hace un año. Se reunieron entre 20 y 25 religiosas. La sorda oposición contra mí se evidenció; desde las primeras sesiones, algunas cabezas del capítulo arrastraron al resto para reclamar hacer entre todas ellas una nueva redacción.

Durante el capítulo, constaté que lo que es elaborado dentro de un espíritu de oposición está marcado por cierta sequedad y rigidez; la agresividad que se daba libre curso ponía obstáculos a la serenidad constructiva.

Yo había participado en este trabajo más que ninguna otra; los dos últimos meses no había alzado los ojos, desde las ocho de la mañana hasta las tres o las cuatro de la noche siguiente, con una interrupción de 10 minutos para cada comida. Había reunido todos los libros y documentos necesarios para facilitar el trabajo; cuando se necesitaban precisiones sobre uno u otro punto del derecho canónico, de los capítulos generales, de las directivas de la Iglesia, era a mí a quien recurrían porque yo los conocía o sabía dónde encontrarlos.

Nadie me dijo una palabra de agradecimiento. En el intervalo de las sesiones del capítulo, las hermanas charlaban en grupos que se formaban espontáneamente; yo me mezclaba a veces con unas, a veces con otras, aunque nadie me dijera una palabra; me mantenía muy en guardia contra una interpretación abusivamente peyorativa de la mentalidad común y me aplicaba a ser muy alegre y distendida, pensando en otra cosa. Para mí era en verdad una ocasión excepcional para no juzgar a nadie, para negarme toda amargura —y conformarme lo mejor que podía a este consejo de la Sagrada Escritura, en uno de los libros de la Sabiduría: «Hazte agradable a la sociedad»—.

Estaba bastante contenta constatando que me sucedía lo mismo que a gran cantidad de santos y pasando por alguna de sus experiencias —aunque con la diferencia de que ellos habían sido injustamente tratados, mientras que yo, sencillamente, recibía mi merecido, ya que no valgo gran cosa—; además, he constatado a menudo que hay en mí un no sé qué que da miedo a los demás, todavía no he podido encontrar exactamente de dónde viene. A este respecto, he notado que quienes se encuentran por encima de mí experimentan este miedo, mientras que los que están en un plano de igualdad o están lo que se podría llamar por debajo me dan muestras de mucha confianza y afecto: hablo aquí del medio religioso.

He encontrado, pues, en este conjunto de circunstancias una ocasión providencial que no debía dejar pasar para ejercitarme, para tratar de comprender los puntos de vista más alejados del mío, para adaptarme a las reacciones de los demás, contener las mías: no siempre lo he logrado, pero he hecho progresos.

El resultado final me era personalmente indiferente; también pensaba que todo esto es relativo y que los textos son poca cosa. He cometido varias veces el error de participar en discusiones sobre los detalles: hubiera debido abstenerme siempre cuando era poco importante.

A algunas religiosas les impresionó mi calma y mi alegría, aun cuando se hacían observaciones que me concernían. Una

de ellas, que desde hacía 25 años me había denigrado asidua-
mente, acabó por acercárseme, incluso me defendió abiertamente en aquel momento y en lo sucesivo; ahora me da
muestras de afecto y de confianza compatibles con su carácter
—toda crítica por su parte ha cesado—.

A pesar de esta feliz distensión, con la que yo no contaba,
estoy particularmente alerta conmigo misma cuando estamos
juntas. Su manera de ver las cosas es tal que es imposible que
me comprenda; por el contrario, por mi parte sería inexcusable
que yo no la comprendiera, pues esta larga enfermedad y los
cuatro años de psicoanálisis han afinado mucho mi percepción
de mí misma y de los demás.

9

He pasado en Flavigny estos últimos meses de agosto y septiembre. No ha habido el menor incidente penoso a pesar de
diversas circunstancias desfavorables.

He llegado a conseguir comportarme independientemente
de la persona con la que esté; puedo, de buen corazón, ser muy
amable con una hermana que todavía no ha domesticado su
agresividad, para facilitarle la tarea y porque éste es uno de los
medios más seguros para purificar el corazón de propósitos
egoístas.

También puedo esforzarme en mí misma con más facilidad
y constancia, algo de lo que antes era incapaz, y esto tiene lugar
de un modo bastante armonioso. Lo he ensayado con buen

número de hermanas y todo ha ido bien con cada una, incluso con aquellas que sé que están todavía mal dispuestas hacia mí. Estas actitudes de benevolencia o malevolencia, más o menos arbitrarias habitualmente, desempeñan un papel considerable en la vida religiosa y a menudo obstaculizan la verdadera caridad e incluso la justicia. He observado muchos más indicios de esto a lo largo del verano.

Estoy empezando tan sólo a recuperar cierta vida emocional y a sentir algunos movimientos afectivos actuales. Durante los nueve años de mis obsesiones, ya sólo experimentaba las emociones relativas a las obsesiones y siempre las mismas —era incapaz de sentir ninguna otra cosa—. Ahora experimento más o menos las mismas emociones que antes, salvo la alegría, que tras haber desaparecido por completo ha vuelto, pero en un lugar distinto de mí misma y bajo otra forma. Sólo la siento espiritualmente y es independiente de las circunstancias de la vida; es como la luz y la armonía de lo que quizás ya puede empezar a no ser sólo la caricatura del amor.

Durante mucho tiempo, siguiendo los consejos recibidos, he tomado numerosas resoluciones, poniendo el acento siempre en el esfuerzo de la voluntad para alcanzar tal o cual resultado —y los resultados han sido penosos—.

Ahora las cosas son distintas: considero algunas cosas infinitamente deseables y me dejo atraer por ellas, despertando y orientando todos mis recursos para ayudar a que tales cosas sean.

En cuanto a la caridad, he constatado que empieza cuando el otro se convierte para mí en un centro y yo ya sólo me sitúo relativamente a este centro, como un rayo que se dirige a su foco. Creo que ésta es la actitud fundamental de lo único que merece ser llamado amor, sea cual sea su expresión. Esto modifica profundamente las actitudes y, a consecuencia de ello, las relaciones.

De este modo, consigo con mucha facilidad, desde el psicoanálisis y la desaparición de las obsesiones, captar el haz de componentes que subyacen a mis sentimientos, reacciones, deseos, etcétera, y puedo llevar a cabo mi elección de forma lúcida y calmada.

Igualmente, cuando se trata de los demás, capto fácilmente el porqué de sus actitudes, de forma que puedo tenerlas en cuenta de un modo útil y pacíficamente en las relaciones mutuas.

Comedores del Hospital psiquiátrico de Bonneval.

CLINIQUE MEDICALE
DU
CHATEAU DE GARCHES
2, Grande-Rue, GARCHES (S.-&-O.)
Téléph. : MOLITOR 55-55

Docteur GARAND, Ancien Chef de Clinique à la Faculté de Paris

Thérapeutiques des affections nerveuses
Electro-choc · Insuline, etc. · Narco-analyse · Psychothérapie
Traitements de l'Alcoolisme

CONVALESCENCES · RÉGIMES
MÉDECINE GÉNÉRALE

INSTALLATIONS TECHNIQUES MODERNES
GRAND CONFORT · BEAU PARC DE SIX HECTARES

Aurillac — Imp. Poirier-Bottreau   Le directeur responsable : Dr. Henri EY.
Dépôt légal à la date de parution

En el número de la revista *L'Évolution psychiatrique* de 1957, donde Nodet publicó su artículo «Le psychanalyste», se hacía publicidad del tipo de tratamientos que Marie recibió en Bonneval, que en aquel momento se presentaban como lo más avanzado de la psiquiatría de la época.

Pequeño libro de las Gracias. La Primera Gracia (11 de agosto)[1]

Trataré de decirle todo lo que pueda, como pueda.

El Señor le ayudará sin duda a comprender. Si hay detalles inútiles, perdóneme usted, le pido que no vea en ello más que un deseo de verdad —y en absoluto una vana complacencia—; de lo contrario, me sería penoso —es una especie de humillación—.

Nunca tuve gracia semejante, ni antes ni después.

Antes, tenía muy a menudo gracias de devoción sensible: pocas veces me confesaba sin llorar amargamente mis pecados

---

1. *Carta al padre Chauvin. Fiesta de la Trinidad, 19 de marzo de 1937.* Marie de la Trinité escribió ulteriormente una segunda relación de esta gracia en una carta dirigida al padre Motte: «relación —precisa— escrita de memoria en Flavigny, los días jueves 26 y viernes 27 de diciembre de 1940, para el P. Antonin Motte, O. P. Provincial de Francia, a petición suya». En las notas siguientes, indicamos las variantes más significativas introducidas en la relación de los días 26 y 27 de diciembre de 1940.

—lloraba mucho durante la oración, que llevaba a cabo donde y como podía—.

Habitualmente, me ponía a rezar desde las primeras palabras de toda lectura piadosa; ¡así es que me costó, creo, seis años leer *Cristo, vida del alma!*[2]

De modo que, por esta razón, no he leído casi nada en este mundo: este libro, la *Vida* de santa Teresa de Ávila, *La subida al Monte Carmelo*,[3] quizás uno o dos más, eso es todo.

La gracia de la que hablo, la recibí en Champagne —el 11 de agosto, creo, de 1929—. Había acudido allí para el retiro de las hermanas, en el que no quería participar. Me negué a venir ante la madre Saint Jean.

La víspera, el padre Périer volvió a Lyon —era un sábado—. Le dije que me había negado a ir porque no quería entrar, que yo sólo deseaba la vida contemplativa enclaustrada.

Él me dijo que fuera —y que me decidiera a entrar—. Yo había hecho votos de obediencia —y fui por indicación suya—.

---

2. *Le Christ, vie de l'âme*, conferencias espirituales dictadas por Dom Marmion, abad de Maredsous. La primera edición de esta obra fue publicada en 1918.

3. De San Juan de la Cruz.

Todo se hundía —era la pérdida, no sólo de los medios que deseaba encontrar en la vida religiosa, sino también la pérdida de Dios—; la angustia, el temor, el despojamiento de todo, lo sufría en el alma, en todas sus profundidades —nunca he sentido nada igual—.

Luego entendí que Dios había permitido esto a modo de purificación —de preparación—.

Aquel 11 de agosto por la tarde, le pedí a la madre Saint Jean permanecer en la capilla de noche, hasta las doce, para rezar.

Me lo permitió —enseguida me sentí muy molesta—: «¿Por qué has pedido permanecer en vela?, duermes de día, estás en la capilla todo el día, no tienes nada que decir», etcétera.

Llegó la noche —después de los maitines, la mayoría de las hermanas salieron de la capilla; algunas se quedaron y se fueron a las diez, me parece—.

Tuve un momento de orgullo: «Las religiosas van a acostarse y yo me quedo rezando». Me avergoncé de estos pensamientos y lamenté haberlos tenido. La hermana Saint Didier estaba allí —y la madre Saint Jean también—.

La hermana Saint Didier se fue, creo, hacia las diez y media. En la capilla, sólo quedábamos la madre Saint Jean y yo —ella estaba al fondo—, yo estaba a la izquierda.

Me tendí en el suelo con los brazos en cruz —hacía frío sobre las baldosas—; yo estaba delgada, me notaba todos los huesos, desde los tímpanos hasta los pies medité sobre la muerte: «Pronto de mí no habrá más que esto —Dios mío, te lo entrego todo, haz de mí lo que quieras, tómame como te plazca—, concédeme que me olvide, que me pierda, que desaparezca por completo en ti».

Lo que ocurrió después es mucho más difícil de decir —porque no fue operación mía, sino de Dios—, fue más divino que humano.[4]

Padre mío, no hubo ni palabra ni idea expresada humanamente, ni imagen.

No hubo nada que pueda ser percibido por los sentidos —ni pensamiento que sea efecto de un razonamiento cualquiera, ni especulación, ni teoría, ni nada de lo que uno se sirve para el ejercicio natural de las facultades—.

Las palabras desentonan con lo que quiero tratar de expresar porque son limitadas y restringidas, evocan por fuerza pensamientos, realidades, que la inteligencia no puede captar sino a su modo humano.

———————

4. «No sé cuánto tiempo duró esto, ni cómo ocurrió otra cosa —aquí, debería callarme, porque no soy yo quien puede decir; esto no depende de mí, sino de Dios— y es a la manera de Él». (26-27/12/1940).

*

¿Cómo decírselo, padre mío?

Fui como sumergida en Dios[5] —y me pareció que Él me absorbía en su Deidad, y que, aunque seguía siendo yo, no operaba por mí misma, sino a través de Él—; me encontraba al mismo tiempo en una inmovilidad y en una actividad suprema (si quiere usted interrogarme sobre lo que con esto quiero significar, trataré de responder tan claramente como pueda).

Entonces, ¿cómo decir y qué decir?[6]

Conocí la Deidad de Dios —conocí su Ser—: no la idea de Deidad ni la idea de Ser, sino la Deidad, el Ser.[7]

Vi, no porque pudiera ver, sino porque él me daba a ver y no había distancia de mí, que veía, a lo que veía. Creo que es más exacto expresarlo así, más que decir que veía en mí y me veía en él.

---

5. «Digo "Dios" —y es Dios, pero es la Persona del Padre: es Él quien, Él mismo, me tomó en Él— y Él se me reveló, como a distancia, pero de substancia a substancia, más cerca que todo lo que puede ser pensado por una inteligencia humana —más que cara a cara, todo mi ser estaba sumergido en Él, y para esto Él hizo que las operaciones de mi alma fueran otras de lo que naturalmente son—».

6. «¿Cómo decirlo? Como un pequeño diamante bajo un sol infinito, bañado por él, pero con un alma viva, y bañado por la plenitud de la Vida —era toda perfección, toda Vida, y Él me tuvo en su amor—».

7. «Conocí que Él es el Ser —no la idea (porque no la había, ni figura, ni forma, ni palabra, ni sucesión, ni nada de todo esto o algo semejante)—, sino mediante la realidad».

En su Deidad y su Ser vi su perfección, su gloria y su inefable beatitud: fui sumergida, envuelta en esa beatitud recibí alguna experiencia de la vida eterna.

Conocí y viví en la simplicidad de su Ser —su majestad— y es indecible e inaccesible a la inteligencia humana.

No sé cómo conocí —¿qué hizo Dios entonces en mí?—.

Es él quien operaba en mí —quien me habilitaba en su conocimiento—.[8]

*

Allí recibí el conocimiento de la paternidad divina, de Dios y de Dios Padre.[9]

Vi el alma humana: la vi en Dios —¿cómo decirlo?—. La idea que tiene Dios del alma humana —idea que es vida en Dios y que es la suprema realidad del alma, realidad por la que es el alma—.

---

8. «Al principio, empecé a decir: "No, Señor, esto no, por tu gloria —no la empañes en mí— [...] Señor, toma a otra alma que te sea fiel, y dale lo que quieras darme a mí" —y luego callé en la adoración, porque mis palabras no tenían efecto—».

9. «El Padre me reveló a su Hijo, el Verbo Eterno —pero en cuanto es Padre, y su hijo, Hijo—, es decir, que Lo vi en el conocimiento y en el amor del Padre, y vi que el Hijo recibe del Padre todo lo que Él es —y vi la beatitud del Padre de ser Padre del Hijo, y el amor del Padre por el Hijo— es todopoderoso, infinito, eterno».

Vi lo que es el alma para Dios. No vi tal o cual alma, la mía u otra, sino el alma —y esto se aplicaba a toda alma—. La vi en su perfección tal como está en la idea de Dios, tal como tiene su ser en Dios.

Vi el amor de Dios por el alma —y la aptitud de ella para estar unida a Dios: tal es su fin—.

Vi el amor del Padre por el alma, lo experimenté y entré en él: no en el amor del alma por Dios, sino en el inefable, el inexpresable incognoscible amor de Dios por el alma.

Todo esto que aquí escribo, lo experimentaba y es en la experiencia como lo conocía —y era mediante el alma, en el centro de mi ser, y desde este centro se expandía y se vertía en toda mí misma—.[10]

Vi el orden natural y el orden sobrenatural —el orden natural para Dios, el orden natural para lo creado— el orden sobrenatural.

Vi y conocí el alma en su vida natural, la vi y la conocí en su vida sobrenatural y sus operaciones naturales y sus operaciones sobrenaturales.

Vi todo lo que concierne al alma, a sus facultades, a sus virtudes y todo en ella en su relación con Dios. Vi lo que ella

---

10. «—Todo lo que aquí escribo no dice más que un grano de polvo que uno mirara— ¿qué sabría de él?».

puede gracias al ser que Dios pone en ella —y lo que no puede sin un auxilio divino—.

Todo, lo veía en la luz divina y lo conocía en esa luz del Ser de Dios. Vi al alma para Dios.

Vi la obra de amor de Dios en el alma —y que Dios ama ya al alma en su simple naturaleza—, pero este amor no es nada comparado con su amor de Padre.

Vi el pecado y que está en el alma —lo que éste hace del alma ante Dios—; y hay que saber lo que es para Dios el alma para conocer lo que es el pecado.

Vi que Dios quiere de sí mismo ser la beatitud del alma, que le da en participación su propia beatitud, y entré en esa beatitud que es la vida eterna.[11]

Para degustar esa beatitud, hay que degustar a Dios, que es esa beatitud: y recibí este don.

Vi el don que Dios quiere hacer de Sí mismo al alma —en esta tierra— y que ella está hecha para estar unida a Dios.

Gemí y dije: «Dios mío, ¿qué es para mí conocer tu beatitud, tu Deidad y tu Ser, si no puedo tener parte en ella? Dios mío, ¿cómo puedes unirte al alma?».

Pregunté y volví a preguntar.

---

11. «Ya que en Dios el alma no es absorbida, ni aniquilada, sigue siendo ella: ni ha desaparecido ni es consumida por su Vida, la de él —sino que Él la hace participante de Él mismo—».

Llegó la medianoche. La madre Saint Jean dejó de rezar y vino a levantarme del suelo porque yo no me había movido, estaba postrada en el suelo, en cruz.

*

Yo no quería hablar porque había silencio, ni pedir nada, por la perfección de la obediencia.

Dije: «Dios mío, si quieres seguir mostrándome y quieres responderme, permíteme que me quede».

Miré a la madre Saint Jean, tras ponerme de rodillas —ella me dijo en voz baja: «Hasta las doce y media»—.

*

Me prosterné de nuevo.

Entonces, enseguida, recibí el conocimiento del Hijo —supe lo que es el Verbo para el Padre y el Padre para el Verbo— y fui absorbida en el abrazo amoroso.

Conocí al Padre y conocí el Verbo, y fui como tomada y arrebatada por el Amor.[12]

Vi el misterio de la Encarnación —lo vi en Dios, en su realidad en Dios—. No vi la humanidad de Cristo como los Santos la vieron con sus ojos: vi esta humanidad en el pensa-

---

12. «Entonces, así como vi al Padre elevarme y tomarme en él, Le vi inclinarse hacia nuestra bajeza enviándome a su Hijo —ese Hijo que Él me había hecho conocer en Él mismo, en quien Él pone toda su complacencia—».

miento y el amor del Padre en la unión con el Verbo —no había ni forma ni imagen—.

Vi que todo el amor del Padre por todas las almas no es nada ante su amor por el alma y la humanidad de su Hijo —vi como esta humanidad absorbía y agotaba todo amor infinito, toda la complacencia del Padre—.

Vi que todo el amor con el que el Padre ama a las almas es el derramarse en dichas almas de su amor por el Hijo y entré en el amor del padre por el Hijo y en el amor del Hijo por el Padre —y este amor es todo plenitud—.

Vi que era necesaria la Redención —que convenía soberanamente—; vi que es todo amor y entonces conocí la misericordia que aún no había percibido.

Había visto la Majestad infinita, la Sabiduría, la Plenitud de perfección, la eternidad: la simplicidad del Ser que, al ser Ser absoluto, es toda perfección. Lo que quizás signifique la palabra Deidad.

Pero entonces vi la misericordia —y fui por ella penetrada, impregnada—.

Vi la Sangre, no la sangre con mis ojos, sino lo que es para el Padre la Sangre del Hijo, que es una Sangre real.

Vi toda la misericordia en la Sangre —vi que toda alma, en la voluntad del Padre, era purificada, lavada, santificada en esta Sangre mediante la efusión mística de la Sangre—.[13]

---

13. «Y vi al Verbo Encarnado, por la voluntad del Padre —voluntad de

*

Vi como la naturaleza humana estaba toda en el Cristo como en su principio —que en él era toda santa e inmaculada—.

Vi lo que san Pablo llama «el Cuerpo místico», pero sin figura —en su realidad espiritual, tal como es en Dios, no como los hombres se ven obligados a expresarlo—.

Vi que el Cristo Jesús es «la imagen del Dios invisible», «el bien amado del Padre» —el *Unigenitus* en su naturaleza divina, el *primogenitus* en su naturaleza humana—.

Vi lo que san Pablo expresa a los romanos (5, 28) y a los efesios (I) —vi el abismo de amor y fui en él sumergida— y todo mi ser era por él penetrado.

Vi que todo esto es, que es mediante Dios —y que esto es lo único que es—.

Vi que todo lo que no es esto no es, no es nada, es muerte, nada.

Vi el misterio de muerte y de vida —de muerte para la vida— y que todo lo que no es vida para Dios es verdaderamente muerte y nada.

---

amor— tras haber asumido nuestra naturaleza, haberla hecho ascender hasta Él, a su altura infinita, descender, rebajarse prodigiosamente hasta nuestros pecados, tomarlos todos, reunirlos en Él, portarlos, cargar con ellos en un inefable amor y una completa sumisión a su Padre; y todos estos pecados le hirieron con amargos sufrimientos; y vi que "era preciso que él sufriera" (Lc 24, 26) y conocí lo que es el pecado, y lo que es la misericordia; y recibí el conocimiento del Cristo Jesús».

*

A las doce y media salí de la capilla, me fui a mi habitación, al pabellón.

Me senté al pie de la crucecita colgada de la pared y permanecí allí hasta el amanecer. A las cinco y media me tendí un rato en la cama y me levanté a las seis.

Traté de repetírmelo a mí misma, fue imposible: era yo misma, nada más —pero ya no era la misma—.

Tal como dice el salmo: «La voz del Señor desnuda los robles», estaba yo desprendida de todo —ardía por Dios—. Las palabras del Oficio brillaban para mí: como estrellas, dejaban que el misterio penetrara en mi alma.

Este misterio estaba ahora oculto en el alma, y las facultades, libradas a su debilidad, no podían acceder a él —pero lo que habían experimentado, en ellas permanecía—.

Veían que habían visto —pero lo que habían visto, ya no lo veían—.

*

Escribí muchas cartas a este respecto al padre Périer, porque en las semanas y los meses siguientes iba yo descubriendo consecuencias, nuevas aplicaciones —y temía equivocarme y mezclar con todo ello mi imaginación—.

Ignoro qué fue de aquellas cartas —creo que él las había conservado—.[14]

Todavía habría mucho que decir —pero creo que esto es lo principal—.

*

Los efectos que vinieron después fueron un desprendimiento general de todo, que encontraba en mí sin poner en ello mi empeño —y en el que creo haber permanecido habitualmente—:

- una visión de todas las cosas sobrenatural, dirigida toda a Dios, muy simplemente —pero no he permanecido fiel a ella: también hallaba en mí este hábito—;
- una gran atracción y una gran facilidad para el bien, en unión con Cristo Jesús: a mi alrededor, advirtieron que yo era muy distinta. También en esto mi naturaleza volvió a predominar;
- una síntesis de la vida espiritual: muerte y vida, muy viva, muy aguda en la mente —la vida en la unidad con Cristo Jesús—;
- una paz, un abandono total.[15]

---

14. Las carpetas que dejó el padre Périer no conservan ninguna huella de correspondencia personal (cf. correspondencia con el archivista de la provincia dominicana de Lyon).

15. «Este don permanece vivo en mí y el Señor quiere recibir sus frutos —pero yo soy como una tierra donde está enterrado un tesoro, pero que no produce sino zarzas y espinas—».

Nürnberg, Eiserne Jungfrau.

En 1950 Marie comparó su sufrimiento con el que le evocaba
este dispositivo de suplicio expuesto en el Museo
de las torturas de Nuremberg.

Necesidad y libertad en la experiencia y en la escritura de Marie de la Trinité

Erminia Macola[1]

No todos los místicos, y aún menos las místicas, incluyen en su experiencia la dimensión de una escritura directa.[2] Y, sin embargo, lo cierto es que el carácter extraordinario de cuanto les

---

1. Miembro de la Scuola Lacaniana di Psicoanálisis, psicoanalista; Padua, Italia.

2. En el caso de Teresa, es el confesor quien le pide que escriba; quiere, sobre todo, dotarla de un límite, apagar, orientar, contener la pasión que la inviste. Él debería también contener sus propias reacciones, porque sucede que a veces se invierten los papeles y es ella la que confiesa al confesor. Al final, el director espiritual le ordena que deje de hablar de sus pecados y que hable del espíritu. Ella responde que esa lengua no le pertenece y que lo hará, sólo, si Dios habla por su boca. En cambio, de su cuerpo sabe algo y conoce las tentaciones que atormentan a sus compañeras de convento, sabe lo que supone la clausura. Teresa se niega a sublimar, quiere seguir inmersa en lo concreto. La sublimación podría ser una vía sin retorno.

acontece reclama un testimonio escrito, a poder ser a cargo de otros. En el caso de Teresa de Ávila, son los confesores quienes, tras escucharla, le imponen la obligación de escribir. La experiencia mística, estática, desmesurada, inexplicable, incontenible, demanda el ejercicio de la letra que contiene el goce.[3] La escritura está allí para ser forzada a fin de que pueda recoger algo que siempre roza la dimensión de la locura, que toca puntos en los que el decir puede ser imposible si no se acepta que el cuerpo del lenguaje se resquebraje.

Quien ocupa la posición del místico —de la mística en la mayoría de los casos— no se halla bien en el sentido, tal y como lo entendemos de modo coloquial. Quien se halla bien es Él y va más allá de Él. Ella —la mística— enferma, se angustia, se tortura, desaparece en la presa divina, pero ante todo es la que se pone a disposición de Él, describe los encuentros con Él, trabaja, funda conventos a mayor gloria de Él.

Marie de la Trinité es una mística que recibe grandes gracias del cielo, y por eso escribe muchísimo. Miles de páginas no le bastan para registrar el mensaje divino y encontrar algo

---

3. En J. Lacan leemos que «la letra es cuenco siempre dispuesto a acoger el goce o, al menos, a invocarlo con su artificio», véase Lacan, J., «Lituraterre», en *Autres écrits*, Seuil, París, 2001, pág. 19 (trad. cast.: Lacan, J., «Lituratierra», en *Otros escritos*, Buenos Aires, Paidós, 2013). Pero también el ejemplo de la araña (*Seminario XX, Aún*, cap. VIII, 113) que teje su tela desde el vientre y no desde la cabeza, de ahí la relación entre la letra-escritura y el cuerpo.

de paz. Tampoco son suficientes las reglas del convento, los rigurosos ayunos, el trabajo a la fuerza; ella necesita aferrarse a su vocación contemplativa y defenderla con todas sus fuerzas de quienes la quieren distraer o desviar, porque la contemplación es la única manera de relacionarse con Dios. Cada religioso adapta la experiencia mística a su estructura y se amolda como puede al dictado de los textos, a las palabras del confesor, de la priora, de las hermanas. Sabemos de las fatigas de Teresa para conjugar el libro sagrado, las reglas y Dios; sabemos de sus dificultades para diferenciar a Dios del demonio; sin embargo, con Marie de la Trinité se nos presenta un problema distinto: ella tiene que inventarse de continuo estrategias para no perder su vocación «especial», las iluminaciones divinas que transcribe y su pretensión artística que le hace creerse superior a Teresa de Ávila y a Juan de la Cruz. No acepta ser espiritual sin más; quiere que se entienda y se respete su naturaleza contemplativa total, es decir, su estar toda en la oración, sin dispersarse en las múltiples tareas que la fundación de una nueva orden requiere. Tal pretensión la lleva a no entenderse con sus hermanas religiosas, a aislarse y a contender a fondo con la virtud de la obediencia, hasta llegar a enfermar de obsesiones y a recurrir a las curas psiquiátricas y psicoanalíticas por voluntad propia. De su experiencia, pues, tendremos escrituras diferentes: la agenda y los *carnets* dan testimonio de su relación con Dios; la redacción de su caso clínico nos pone al corriente de su relación con la psiquiatría y el psicoanálisis de su época; las cartas, tan interesantes, nos muestran aspectos inesperados por tantos motivos, una cultura religiosa que contamina la experiencia intelectual católica con momentos de grandes rupturas espirituales, como Nietzsche y el psicoanálisis.

Aun reconociendo el papel esencial de la escritura en el conjunto de su recorrido, no hay que dejar de lado, para una mejor comprensión, algunos aspectos que emergen de su biografía. Marie de la Trinité, en el siglo Paule de Mulatier (1903-1980), nacida en una familia burguesa del Beaujolais, goza de una juventud dedicada al cuidado del cuerpo y al cultivo del alma: pinta, hace música, estudia hebreo y griego. Es la última de siete hijos; según los deseos de los padres y las previsiones de los médicos, debía ser un varón y llamarse Paul, pero será una niña y se llamará Paule. Mantendrá en su personalidad rasgos masculinos y femeninos, declarándose a veces mucho más mujer que las mujeres y otras veces mucho más hombre que los hombres —no olvidemos que para afrontar la experiencia de lo divino hay que ser «hombres fuertes», como enseña Teresa de Ávila—. Esta doble identificación se percibe muy bien en la elección de una posición sacerdotal y en la experiencia de la escritura.

Su vocación es contemplativa, por lo que su deseo es entrar en la Orden del Carmelo, pero el padre Périer, su director espiritual, la ve dotada de inteligencia, de capacidad organizativa y de sentido práctico; tal vez vea también alguna otra cosa que no nos dice, pero el caso es que la encamina a una orden nueva, la de las dominicas misioneras, una orden destinada a trabajar en el medio rural.

El primer convento que la acoge está en Flavigny, a los pies del Jura, y allí todo está por hacer: aún no se ha redactado la constitución, no han decidido cómo serán los hábitos, ni siquiera tienen la aprobación de la Iglesia. El padre de Paule presta su ayuda regalando la tela para los hábitos de las hermanas y un coche para que puedan desplazarse. La fundadora, la madre Saint Jean, que busca obreros para su viña, reconoce de inmediato las potencialidades de Paule, a pesar de que ésta es 27 años más joven que ella, y la destina a los «trabajos forzados» de la fundación. Así pues, la postulante entra en la orden de las dominicas por obediencia al padre Périer y a su familia, turbados por la experiencia negativa de Marta, hermana de Paule, que enloqueció a la semana justa de entrar en el convento de las clarisas, una orden contemplativa y de estricta clausura. Paule no es capaz de oponerse a los deseos ajenos porque, según dice, no sabe defender sus propias razones con palabras eficaces.

Este inolvidable primer reto arma sus defensas y la joven empieza a prepararse para afrontar algo que puede llevarla lejos de su centro. Un propósito se instala en su interior: no permitirá que su conducta dependa de los demás, será ella misma, concentrada en Dios, separada, independiente y autónoma «para reaccionar de modo constructivo y conciliador incluso frente a comportamientos adversos».[4] «La unión con Dios exi-

---

4. De la Trinité, M., *De l'angoisse à la paix*, Arfuyen, 2003, pág. 40. A propósito de este texto, véase: Biondi, L., «Dall'angoscia alla pace: una

ge una fuerte adhesión a uno mismo».[5] «Mírate para verme a
Mí»,[6] oye que le dicen. Pero también debe saber que Dios sigue siendo Otro distinto de ella: «Es preciso que tú no seas Yo/
para que Yo pueda unirte a Mí».[7] La oración será el lugar en el
que Marie mantendrá su integridad; en la oración estará apartada para que no la arrastre el fragor de las palabras ajenas o las
demandas del convento que la carga con todo tipo de responsabilidades: asistente general de la congregación, maestra de
noviciado, redactora de las constituciones de la orden. La oración se convertirá en su refugio, pero con ciertas cautelas. No
puede concentrarse sólo en Él porque su oración debe ser «vas-
ta como el mundo».[8] Tal amplitud puede ponerla en peligro
(*l'ensemble me dépasse*)[9] y alejarla demasiado de sí; entonces,
inventa algo muy especial y típicamente masculino: el sacerdocio. Decide inmolar su conciencia al padre espiritual, como
holocausto, y participar así de su sacerdocio. Desde esta posición, no ruega por los otros más que «en su nombre», como
«lugarteniente». No ocupa un lugar, sino que lo mantiene va-

soluzione mistica nel tempo della psicoanalisi», en Francesconi, P., *Una
per Una. Il femminile e la psicoanalisi*, Borla, Roma, 2007.

5. De la Trinité, M., *Entre dans Ma Gloire*, Arfuyen, París, 2003,
pág. 38.

6. *Ibidem*, pág. 39

7. De la Trinité, M., *Consens à n'être rien*, Arfuyen, París, 2002, pág. 96.

8. *Ibidem*, pág. 77.

9. Frank, É., *Libre avec Marie de la Trinité*, Arfuyen, París, 2008, pág.
101.

cío para que sea de los demás. Eso le permite quedarse apartada, en los márgenes del espacio en que el sacerdocio se explica. El mensaje divino le da la razón: *Ne te répands pas*.[10] «Quédate apartada». «Yo te quiero voluntariamente apartada».[11] De mi parte[12] —puntualiza Marie—, aun sabiendo que su oración será por todos.

Cuando oye que Dios le dice: «Usa mis bienes como si fueran tus bienes»,[13] se encuentra de pronto con demasiada libertad y sin límites. Por suerte, la frase se completa después: «Puedes usarlos, pero dando gracias». Este agradecimiento regula el goce de los bienes y es una protección contra la excitación y la pérdida de control.[14]

Marie es una persona tímida, angustiada, perfeccionista y escrupulosa, practica un riguroso silencio para proteger el secreto que Dios le ordena mantener incluso con el director espiritual y la priora; permanece concentrada en Él de continuo.

---

10. De la Trinité, M., *Consens à n'être rien, op. cit.*, pág. 94.

11. *Ibidem*, pág. 39.

12. *Ibidem*. «*Simplement vivre sa part*», la simplicidad es un *leitmotiv* en los *Carnets*.

13. De la Trinité, M., *Entre dans ma Gloire, op. cit.* pág. 113.

14. Teresa de Ávila también tuvo un problema con respecto a esto en cierto momento de su recorrido espiritual y lo arregla explicándolo así: «Como si uno hubiese dado una gran renta a otro con muy firmes escrituras, para que la gozara de aquí a cierto tiempo y llevara los frutos», *Relaciones espirituales*, VI, Palencia, 1581, *op. cit.*, pág. 270.

Tiens-toi en grande réserve[15] [oye que le dicen], *Ma Gloire me concerne*. El secreto tiene que ver con la persona de Dios. De su íntima relación con Él, Marie no ha revelado nunca nada. Hay, pues, un punto de la relación con Dios que no se dice. Allí residen su pudor, su autonomía, su libertad. En el castillo interior de Teresa de Ávila, en este punto que es el centro del castillo, culmina el camino del espíritu. Allí está el tesoro, un terso diamante guardado en un cofrecillo, que deslumbra a los visitantes del castillo. La experiencia de Teresa está a disposición de otros, mientras que la de Marie está celosamente protegida. Pero una iluminación le hace entender que las gracias divinas van dirigidas a ella, pero van más allá de ella, a todo el cuerpo de la Iglesia: «Yo no te pido que dirijas a las almas [oye que le dicen], a pesar de que trabajas en su profunda dirección»,[16] y ella anota que hay algo que va más allá de sí misma.

Veamos cómo define Marie su escritura: le llama «trabajo», «ciencia», «estudio», «vocación», «oficio», «sacerdocio». Le llama también «experiencia de reposo del Padre. Infinitamente más perfecta que la paz porque supone la paz que incluye el orden, pero también implica el ocio».[17] Escribir proviene de un imperativo divino: «Mira lo que te muestro y escríbelo».[18] Ella

----

15. De la Trinité, M., *Consens à n'être rien, op. cit.*, págs. 124, 128. [Traducción propia].
16. *Ibidem*, pág. 116.
17. De la Trinité, M., *Entre dans Ma Gloire*, Arfuyen, París, 2003.
18. *Ibidem*, pág. 112.

interpreta que debe captar la iluminación con mucha atención, asimilarla y traducirla en palabras. Se trata, pues, de contemplar y transcribir pasado un tiempo de asimilación: «He visto, he vivido, he prendido».[19] Respecto al primer tiempo, Marie habla de una relación directa con Dios en la que le ofrecen tres tipos de datos (*données*): la iluminación que requiere por su parte el esfuerzo de comprender y traducir; las experiencias, que le son más directamente accesibles; y las palabras. Nada de imágenes, nada de sensaciones, nada de voces, nada de palabras que pasen a través del ejercicio natural de las facultades. La iluminación es pura. Ella debe traducirla. Si se trata de palabras, toma los términos como le vienen, sin preocuparse de elegirlos ni de ordenarlos, limitándose a trazarlos sobre el papel. «Es como el trabajo del pintor: plasmaba la luz que brillaba dentro, y escribía acto seguido, directamente, sin construir nada por propia iniciativa, escribía palabras y frases como un pintor intenta fijar lo que ve, aunque sepa que es imposible».[20] O hace como el minero que trabaja en las proximidades de un tesoro en secreto cuando es inminente el descubrimiento, con dedicación cuando se trata de transmitir su esplendor. Una voz le dice: «Si te hablo, escúchame./Si no te hablo,/anota lo que ya te dije/con palabras o con iluminaciones».[21] «Procura cap-

---

19. De la Trinité, M., *Le Petit Livre des Grâces*, Arfuyen, París, 2002, pág. 88.
20. De la Trinité, M., *Entre dans Ma Gloire*, *op. cit.*, págs. 38-39.
21. *Ibidem*, pág. 38.

tarme cuando paso».[22] No se trata de una operación mía —precisa Marie—, sino de Dios en mí, lo que veía me era donado, se me aparecía, como Jesús resucitado se aparece a los apóstoles. Ellos no dicen lo hemos visto, sino se ha dejado ver. Se trata de un acto pasivo, que no deja de ser acto (*contemplation active sous passivité*),[23] en el cual quien recibe está en un estado tal de maravilla que pierde toda iniciativa y, en consecuencia, mira y escribe lo que ve, sin reflexionar, ni razonar, cosa que sería imposible (es como cuando, bajo el efecto del sueño, intentamos escribir algo para recordarlo).

Marie está siempre insatisfecha de su escritura. Nos explica que «siendo las iluminaciones simples y plenas, las palabras son insuficientes y discordantes. Una palabra sola bastaría para un pensamiento humano, mientras que se requieren tres o cuatro para intentar transmitir la iluminación. Las visiones (*vues*) están llenas de intensidad y de realidad, la escritura lo aplana todo».[24]

Se pregunta cómo responder a la exigencia de una palabra plena y silenciosa. No quiere hablar por paradojas, sino conservar-

---

22. *Ibidem*, pág. 40.

23. *Ibidem*, pág. 69. El acto pasivo es aquella circunstancia en la que lo que haces no lo haces solamente tú, hay allí un recibir que no existiría sin la disposición a recibir. Cuanto más totalmente Otro es lo que se recibe, más activo se es en el abandono que lo deja caer. En el éxtasis, el abandono supone la desaparición del místico.

24. De la Trinité, M., *Le petit livre des Graces, op. cit.*

se fiel a una palabra que exceda en todos los sentidos. Aquí es fidelísima a Juan de la Cruz cuando dice que para dar cuenta de la experiencia sirven más las palabras locas que los dichos razonables.

Marie se preocupa por distinguir lo que es escritura inmediata, escritura-pintura, de lo que es luz y necesita de sus palabras (*Regarde, Je te montre, reception des lumières*).[25] En este caso, nos avisa de que las palabras son suyas; ha tenido que construirse un cierto vocabulario que ha ido cambiando en el tiempo. Se angustia si cree que ha dejado perder alguna iluminación, redobla el trabajo y la tensión para retenerlas, y así es como acaba por perderlas definitivamente. Se desespera y lamenta no tener un poco de tiempo para ciertas ocupaciones secundarias más relajantes, pero se enorgullece cuando piensa que las palabras de Dios transforman y son obras. Encuentra una forma de escritura muy próxima al aforismo que a su entender restituye el carácter batiente de las iluminaciones. Por ejemplo: «No puedo estar más que en mi cielo./Pero puedo muy bien meter mi cielo en ti».[26]

Respecto a lo que transcribe, dice que ha recibido y comprendido visión y experiencia a la vez: «He visto porque he recibido». Pero también escribe con mayor cautela: «He aquí lo que he creído entender, si es posible que palabras semejan-

---

25. De la Trinité, M., *Consens à n'être rien*, *op. cit.*, pág. 13.
26. *Ibidem*, pág. 116.

tes me hayan sido dichas».[27] «Lo que escribo es pobre representación, pero de la realidad, no escribo para imitar estados de oración leídos».[28] A propósito de las iluminaciones o de las palabras oídas, se comporta como siempre había hecho Teresa de Ávila bajo la amenaza de la Inquisición: no había visto nunca con los ojos del cuerpo ni oído con los oídos del cuerpo. Marie de la Trinité explica por su parte que recibe «sin palabras, ni expresiones, en estado de pura y simple luz».[29] Ella no está amenazada por la Inquisición, sino por el espectro de la enfermedad psíquica. En efecto, lo que ocurre es que en un cierto momento de su vida, a los 44 años, le asaltan obsesiones que le impiden toda actividad, la primera de las cuales es la relación con Dios. Durante una época tremenda, es puesta a prueba y ella la define como *la meilleure parte*. Se suceden las visitas psiquiátricas, los encuentros con psicoanalistas y las consultas con directores espirituales, los ingresos hospitalarios y las sevicias de los enfermeros. Sus hermanas de religión desconfían de ella, también su director espiritual y el psiquiatra Charles-Henri Nodet, que la define como una «gran enferma». Le diagnostican una neurosis obsesiva alimentada por la vida religiosa que incrementa los escrúpulos, el sentimiento de culpa y la tiranía del superyó. La conside-

---

27. *Ibidem*, pág. 62.
28. *Ibidem*.
29. *Ibidem*, pág. 60.

ran bloqueada en el binomio «nutrición-castidad», reconducible a la época infantil. Nodet tiene enseguida la solución: una lobotomía que da óptimos resultados con los obsesivos graves. Tímidamente, Marie se opone y solicita volver a retirarse a Etiolle para consultar con el padre Guérard. Le deniegan el permiso y la empujan a la intervención quirúrgica. Va a París, pide citas, se hace examinar por los médicos. El cirujano tiene dudas sobre esta operación y le aconseja el doctor G., a quien ella consigue contactar a las nueve de la noche y, por teléfono, lo enfrenta a la disyuntiva: lobotomía o tratamiento psiquiátrico. Él le responde que no puede decidir así, por teléfono; lo que hace es emitir un comunicado que Marie deriva a sus superiores, por el cual nos enteramos de que el doctor G., antes de llegar a la lobotomía, aconseja el electrochoque.

En lugar de seguir dicha indicación, la paciente inicia un psicoanálisis con el doctor C., cuatro sesiones semanales en las cuales se le echan en cara las resistencias que opone y el hecho de hablar de sí misma sin participación, como si viese desde fuera. Marie disiente y suspende las sesiones de inmediato. Por indicación de Nodet, busca profesionales más serios. Al fin, encuentra a Jacques Lacan. Se ven durante tres años, varias veces a la semana, ella en busca del verbo encarnado, él del vacío. El analista capta enseguida que el nudo de la cuestión no es el voto de castidad, sino el de obediencia. Su objetivo —le dice— no es enseñarle a liberarse de este complejo, sino a descubrir qué lo ha vuelto tan patógeno como para convertirse en algo ingobernable.[30]

Marie le escribe a la priora sus impresiones de la primera sesión: «Más que confinarme en Freud como los otros médicos, éste recorre continuamente, durante las sesiones, todos los escalones de la naturaleza humana como los ángeles de Jacob que subían y bajaban la escala que es la creación y que cada uno de nosotros es. Él me da seguridad, porque comprende las cosas espirituales y no las elimina como los precedentes, al contrario».[31] Sin embargo, unos meses después, se lamenta con Nodet de la brevedad de las sesiones que no le da respiro, le pregunta si debe continuar. Él la anima a seguir, diciendo que todo análisis pone al paciente en un estado de frustración que, justo mediante el análisis mismo, permite descubrir la frustración reprimida. La paciente vive en París en la habitación de servicio que le han prestado en un octavo piso: «la habitación alta». Su vida es activísima: visita a personas conocidas y retoma el estudio del hebreo y del griego. Interrumpe la cura varias veces, para reemprenderla después, pero las obsesiones no cesan y decide probar un tratamiento médico en el hospital psiquiátrico de Bonneval, dirigido por el muy conocido Henri Ey, donde pide ser sometida a una cura de sueño: 10 insopor-

---

30. De la Trinité, M., *Carnets. I. Les grandes grâces (11 aoû 1929 – 2 février 1942)*, Les Éditions du Cerf, París, 2009, pág. 45.
31. *Ibidem.*

tables días que interrumpe voluntariamente, pero que le quitan las obsesiones.

Vuelve con Lacan, pero se declara en desacuerdo con su método. El psicoanalista la trata con sesiones breves, considerando asunto de conciencia el no ceder a la voluntad de la analizante. Obviamente, concibe la relación analítica como algo distinto de una conversación gobernada por los síntomas de la paciente. El tratamiento, sin embargo, no carece de consecuencias. Permite que emerja en ella el proyecto de hacerse psicoterapeuta para religiosas, y, a petición de Lacan, escribe su propio caso clínico que titula *De la angustia a la paz*, un verdadero rompecabezas para psicoanalistas y creyentes.

Cuando está ya cerca el momento de practicar su nueva profesión, la priora la llama al convento de Flavigny, donde regresa para ayudar a la madre y asistirla hasta el momento de su muerte, en un acto de obediencia finalmente aceptado. Cuando el convento es abandonado por la comunidad monástica, le conceden permiso para quedarse sola en una casita perteneciente a la congregación. Por fin, puede llevar allí una vida de dominica misionera: anima a un pequeño grupo de laicos que se reúnen para estudiar la Biblia y el Evangelio. Su equilibrio está plenamente recuperado, y puede dedicarse a revisar y mecanografiar sus *carnets*. Al final de su vida, vive apartada como había deseado desde sus comienzos y como la voz divina le había ordenado con frecuencia: «No temas apartarte, porque te quiero aparte».[32]

---

32. De la Trinité, M., *Entre dans Ma Gloire, op. cit.*, pág. 28.

El interés por el caso de Marie de la Trinité está creciendo en los últimos años. El legado de sus *carnets*, de su caso clínico y de las numerosas cartas que intercambia con los confesores, los psiquiatras, los directores espirituales y la priora constituye un texto demasiado rico para que no sea sometido a varios tipos de investigación. Con frecuencia, se manifiesta en los lectores de formación psicológica o psicoanalítica la tentación de orientar la lectura en sentido diagnóstico, casi como queriendo disolver el enigma de la experiencia mística. Por supuesto que Marie no había evitado reconocer que el camino místico estaba lleno de insidias, radicales incluso, y su decisión de recurrir al análisis indica, por su parte, la consciencia de poseer una naturaleza frágil, que a menudo roza el límite, y que ella misma se empeña en estudiar y en socorrer en las hermanas religiosas. Con gran precisión y especial fuerza, especifica un punto que atañe a la relación entre clausura y afectividad: «Lo que muchos no pueden comprender es que Dios puede bastar más allá de todas las necesidades de la vida afectiva. [...] La vocación religiosa no supone el repudio de lo creado —al contrario, se sirve de ello, lo necesita, pero lo polariza y lo supera constantemente—, [...] la vida religiosa tiene dos significados que no coinciden en lo concreto, real, vivido». Existe una vida relegada en Dios que para realizarse implica la soledad y el recogimiento, cosas que ella se ha visto siempre forzada a limitar. Existe también una vida cuya finalidad es Dios, pero en la cual muchos intermediarios se interponen. Todo el tiempo transcurrido llevando tal género de vida, ella ha estado *ecártele*, dividida entre la vocación y las acciones exigidas por la obediencia a los cargos que se le confían. Cuando enferma, estos sufrimientos se solidifican en ella.[33]

Quienes se han relacionado con Marie de la Trinité antes y durante su enfermedad no le perdonan los ataques de ira, el aislamiento, los silencios, la testarudez; no están dispuestos a darle confianza plena ni a creer en la completa desaparición de sus síntomas. Éste es el caso del doctor Nodet, al que Marie le pide su parecer sobre las intervenciones que quiere llevar a cabo para ayudar a sus hermanas monjas. El doctor le responde que, vista su pasada neurosis, él no puede sino sentirse *inquiet* y *réservé*. No niega que pueda hacer el bien, pero no puede garantizar que lo haga de verdad, porque no se puede dar lo que no se tiene. Ella puede dar inteligencia, teología, sinceridad, pero el equilibrio profundo está hecho de referencias inconscientes y su inconsciente, aunque haya mejorado mucho, no está pacificado.[34]

En fin, en el preciso momento en que Marie puede dar el máximo de sí y explicar su libertad, se ve gravada por el pasado, por las dudas sobre su persona, sobre su vocación y sobre su relación con Dios. Sin embargo, las cautelas de Nodet no carecen de fundamento, dejan entrever una concepción psicologista y reduccionista del análisis que lo lleva a devaluar las ex-

---

33. *Ibidem*, pág. 63.
34. *Ibidem*, pág. 57.

periencias intelectuales y espirituales entrelazadas con el síntoma. En cambio, Lacan se deja interrogar mucho por este caso, le pide a Marie que escriba, retiene el cuaderno de los apuntes redactados por ella y no se lo devuelve, prácticamente se lo roba. La reacción de Marie es, en primer término, la propia de una autora. No considera que tal apropiación pueda significar una atribución de particular importancia por parte de Lacan al ser él quien le había propuesto redactarlo. Está claro que la transferencia analítica se había agotado, y el recurso a un abogado para recuperar el cuaderno indica con claridad que para ella ese escrito es, ante todo, su obra, ya al margen de que naciera como narración dirigida al analista. Y, sin embargo, en los avatares de los grandes místicos, sobre todo en los del siglo XVI español, el robo sufrido es, por excelencia, ¡la forma en que se manifiesta el amor divino![35]

---

35. De la Cruz, S. J., *Cántico espiritual*, estrofa 10: «¿Por qué, pues has llagado/aqueste corazón, no le sanaste?/Y, pues me le has robado,/¿por qué así le dejaste/Y no tomas el robo que robaste?».

Posfacio
Enric Berenguer

Marie de la Trinité es una figura múltiple, cada una de cuyas facetas tiene un interés singular. Por un lado, se trata de una religiosa que constituye una referencia importante por sus experiencias místicas, comunicadas por medio de una serie de cuadernos que siguen siendo hoy día objeto de estudio y de culto. Una mirada a la correspondiente página web (www.mariedelatrinite.org) nos indica hasta qué punto su vida y su obra son el centro de una actividad que no cesa y que incluye, además de peregrinaciones, jornadas de estudios y conferencias regulares. Por otra parte, Marie es también conocida por haber sido paciente del Dr. Jacques Lacan, entre cuyos casos es sin duda de los mejores documentados, debido a todo lo que ella misma escribió acerca de su tratamiento psicoanalítico, que se prolongó tres años. Leyendo ese texto preciso, detallado, nos llega eficazmente la voz de quien se ha sumergido en las profundidades del abismo y ha conseguido emerger de nuevo. Se trata de alguien que no ha cerrado los ojos ante el horror más absoluto, ha extraído de él lo que —son sus palabras— llama «una lógica».

Así, su escrito es una exploración de lo que se encuentra en una franja en la que el sentido vacila y la relación del sujeto de la palabra con su cuerpo parece estar a punto de desanudarse definitivamente. Con razón nos dice Marie de la Trinité, hablando de aquel momento en que creía estar a punto de morir, que estaba rozando la locura. La muerte de la que se trataba, en efecto, no era la del organismo, sino la pérdida radical del sentimiento de la vida, esa juntura sutil cuya perturbación fue capaz de escuchar Lacan, precisamente, como índice decisivo de ciertos avatares de la existencia.

Es impresionante la lucidez que conserva Marie en su soledad más extrema, en esos momentos interminables, suspendidos en el tiempo, en los que está atravesando su desierto. Lucidez que le permite *a posteriori*, en su testimonio, una vez restaurado un destinatario al que puede llegarle el mensaje, hablar de un momento en que puede experimentar, incluso como una tentación, lo que sería una pura existencia sin ser, soltadas ya definitivamente las amarras de la palabra.

Con todo Marie, cuando parecía que no había retorno posible, dice basta. Es capaz, *in extremis*, de detener esa tortura, contra la que Lacan parece haberle prevenido al desaconsejarle una «cura de sueño» que, muy probablemente, había interpretado ya como una cita con lo más oscuro. Más allá del alivio buscado para poner fin a lo que era vivido como un infierno, se cernía en efecto algo peor. El sueño que Marie busca obtener para librarse de sus pensamientos y que la psiquiatría de la época le ofrece con sus productos químicos consiste en realidad en arrojarse en los brazos de un Otro todopoderoso y sin ley, renunciando a lo que hasta entonces

había sido una resistencia desesperada, es la entrega definitiva. Ese Otro mortífero ya no es el Dios del amor con el que
Marie había iniciado su diálogo en la experiencia mística,
sino aquél, encarnado por la ciencia psiquiátrica, al que ella
había supuesto capaz de amputarle limpiamente sus pensamientos obsesivos.

¿Hubiera podido sostenerse Marie en su diálogo con Dios
en otras condiciones? ¿Hasta qué punto fue decisivo que no
encontrara el destinatario oportuno, en particular a partir del
momento en que su director espiritual, a quien había dirigido
de entrada el testimonio escrito de su experiencia mística, sus
«gracias», dimitió de su lugar en lo que ella vivió como un dejarla caer? Como ocurrió más de una vez en la vida de Marie,
lo que otros hicieron con ella y por ella, por su bien, tuvo efectos adversos, en gran medida porque partía de un profundo
malentendido sobre lo que estaba en juego. Y también porque
había sido dictado secretamente por el desconcierto, incluso la
angustia, despertada en sus interlocutores por una mujer que,
empeñada como estaba en asumir un destino excepcional, no
respondía en nada a las leyes de lo razonable.

En todo caso, Marie sí encontró un destinatario para escribir el testimonio de su atroz experiencia en Bonneval: el mismo
que había sido su psicoanalista durante cuatro años y que, de
hecho, seguía siéndolo a pesar de la interrupción formal de la
cura. En su relato, se aprecia perfectamente que lo extraído de
su análisis es lo que le permitirá, posteriormente, interpretar
aquel episodio oscuro en el marco y con los recursos de una

construcción delimitada, manejable, de la que se podrán extraer consecuencias decisivas y orientadoras para la vida posterior. Y algo del trabajo analítico está claramente presente —no sólo relatado, sino en acto— en el trabajo de escritura cuyo resultado nos ha llegado en este texto producido dentro de y sostenido por la relación con el psicoanalista, es decir, bajo transferencia.

Por eso, podemos decir que este testimonio es doble: de la experiencia del ingreso en Bonneval, con la cura de sueño y el grave episodio a que ésta dio lugar, pero también del resultado de cuatro años de análisis y de los elementos que de él había extraído Marie, para saber hacer lo mejor que pudo en su vida con sus malestares y con su relación con los demás. En cuanto a la vida espiritual, ése es para ella siempre otro cantar. Queda fuera de la acción del análisis y le corresponderá a Marie encontrarle un destino, algo para lo que necesitó bastantes años más.

Es ella misma quien, reconstruyendo lo que fue su pesadilla en Bonneval y echando mano de lo que ha elaborado en sus cuatro años de análisis, nos indica que lo que allí ocurrió llevó hasta las últimas consecuencias un esquema común —así lo llama ella— que califica de «extremadamente antiguo», originado en su primera infancia. Hablemos, por tanto, de la que aún no es Marie, sino la niña Paule.

Paule y sus rabietas

Paule Mulatier no fue una niña típica. De entre los datos de que disponemos de su biografía, empezaremos destacando un síntoma infantil. Se trata de un rasgo que nos interesa por un motivo adicional hoy día, cuando los niños reciben un diagnóstico de TDAH en menos que canta un gallo.

Leamos en un manual cualquiera sobre los niños supuestamente afectados por este síndrome tan popular: «Muchos niños con TDAH no comprenden el concepto "después" [...] les resulta muy difícil mantener a la espera sus deseos y necesidades [...] una pequeña desilusión se convierte en el fin del mundo [...]». Por este motivo, entonces, tendrían rabietas.

Resulta que Paule tenía rabietas proverbiales, además de serios problemas con los estudios: «[...] en clase trabajaba mal [...] Mis hermanas se reían de mí diciendo: "¡Es tonta, es demasiado tonta, ¡nunca se ha visto a alguien tan tonto!"».[1] En sus recuerdos, ella se refiere a menudo al «complejo de inferioridad» por el que pasaba una vergüenza constante, de la que sólo se libraba al rezar. Habla penosamente de lo que describe como sus «terribles cóleras», que a veces llama «caprichos» y que a los 12 años empezará a dominar... relativamente: aún en su vida en el convento seguirá teniendo esta clase de ataques, ante los cuales la madre superiora la mandaba a dormir, a falta de mejor solución.

No sabemos qué resultado hubiera obtenido Paule si le hubieran pasado alguno de los cuestionarios que hoy circulan por

---

1. N. de E.: para evitar un exceso de notas, agrupamos todas las obras de referencia al final del volumen.

Internet para «detectar» esta clase de problemas. Lo que es seguro es que de haber vivido en nuestros días no lo hubiera tenido fácil, ante la inaudita normalización forzada de los niños, que pone todos los obstáculos posibles a un destino excepcional. La excepcionalidad misma es actualmente clasificada bajo etiquetas como «Asperger» o «niño de altas capacidades», incluso «niño altamente sensible», que sirven para poder responder de un modo muy estereotipado a niños y niñas que se salen de una norma que, por otra parte, cada vez es más difícil de situar y tiende a reducirse a un repertorio de comportamientos.

Cada época busca nombres para estas cosas, que obtienen respuestas orientadas por estos mismos nombres, los cuales a su vez forman parte de un discurso muy organizado. En la infancia de Paule, se trataba de términos vinculados, por ejemplo, a la moralidad. De ahí que lo que quedara grabado para ella de forma indeleble fuera un juicio: el de que su arrepentimiento por su mal comportamiento debía de ser falso, ya que en él persistía.

Ahora se estila nombrar todo con diagnósticos, de un modo que se rehúsa a inscribir lo que el síntoma tiene de particular, de una posición subjetiva. Por nuestra parte, en vez de aplicar a Paule una etiqueta diagnóstica cualquiera, subrayaremos en la niña que fue —porque es coherente con lo que más adelante acontecerá en su vida— los rasgos de cierta violencia del deseo, una peculiar forma de exceso a la que era difícil poner límites, tanto por parte de los demás como por parte de ella misma.

En todo caso, pronto se abre en la vida de Paule una contradicción entre lo que otros podían ver sólo como carencias y lo que ella misma percibía como las marcas de un destino único.

Más mujer que las mujeres, más hombre que los hombres

Es ella quien, entre los recuerdos que nos aporta de su infancia, destaca su particular relación con la feminidad y su precoz pasión por Dios. Ciertamente, en lo que se refiere al género —por decirlo anacrónicamente con una expresión en boga—, fue desde un principio muy particular. Así, cuenta en uno de sus escritos que en su lugar se esperaba a un niño, que debía llevar el nombre de Paul. Pero, como nació una niña, se le mantuvo el mismo nombre, aunque feminizado.

Marie de la Trinité explica: «De todo ello resulta que físicamente soy mucho menos femenina que mis hermanas —y ahora puedo al mismo tiempo tener una mentalidad de mujer y una mentalidad de hombre—». Pero, por si cabía alguna duda, precisa que no se trata de ninguna pérdida: «A veces, me siento más mujer que las mujeres y más hombre que los hombres».

No sin relación con esta posición excepcional, más allá de las limitaciones que el género impone en el mundo religioso, Paule había deseado desde muy pequeña ser… sacerdote. Conocedora de la imposibilidad que afectaba a la realización de este deseo, mantuvo tenazmente en secreto por mucho tiempo su vocación religiosa.

No es extraño, por tanto, que la primera comunión, que toma a los siete años, sea para ella un momento fundamental. Aunque la vive con una intensa sensación de división. Por un lado, con un aumento de los temores y vergüenzas que habitualmente la atenazan. Por otro lado, en su recuerdo de aquel día indica algo que será decisivo para su destino ulterior: «[...] en la oración salgo de mi vergüenza —sentimiento agudo de que Dios me ha elegido, de la dulzura de su amor—». Respecto a este sentimiento, ella precisa: «[...] ni siquiera experimentaba la necesidad de decirle a Dios que le daba mi vida: estaba claro entre Él y yo».

Por tanto, la relación de Paule con Dios es ya de entrada, con siete años, la propia de una experiencia amorosa radical, tan exigente como cargada de recompensas. Es importante destacar, para entender el carácter extremo de este amor, que, a diferencia de lo habitual en amores más comunes, no es tanto la aspiración a ser amada lo que está en juego, sino la certeza de haber sido elegida como objeto de amor. Y nada menos que por Dios. No es lo mismo elegir a Dios —lo cual puede ser relativamente común en una religiosa— que ser elegida por él.

Otro recuerdo infantil de la niña Paule, que tiene por entonces entre nueve y 10 años, nos permite apreciar la naturaleza nada común de sus sentimientos hacia Dios, su carácter vertiginoso y arrebatador:

En la playa, en cuanto llegaba, me dirigía descalza a las rocas, miraba hacia atrás para observar el momento en que ya no me veía nadie. Enseguida que estaba sola, rezaba, disfrutaba de la dulzura divina —entonces alcanzaba la superficie de la conciencia una niña muy distinta que la otra (la que estaba allí estirada)—. Era como si en aquel momento me sumergiera muy hondo, pero hacia lo alto —siempre he lamentado que no haya una palabra que signifique una profundidad ascensional—.

Se trata de un recuerdo crucial. Su biógrafa y amiga Christiane Sanson, que es quien nos lo comunica, parece consciente de la significación de la anécdota. No en vano la considera un ejemplo de lo que llama la «vida secreta» de Paule. Y comenta: «Se capta aquí la ambivalencia que puede habitar en una niña pequeña, cuyo psiquismo frágil y tenso no le impide encontrar la paz en la dulzura de Dios». No cabe duda de que el amor de Dios y por Dios coincide a veces con una entrega que, como numerosos testimonios de místicos demuestran, puede llegar a difuminar la frontera entre la pasión espiritual y el erotismo más corporal, en un verdadero éxtasis —en el sentido más literal de un «salir de sí»—.

Hay en este relato de la soledad de Paule en la playa claves de lo que significaba para ella ser «más mujer que una mujer», fórmula que expresa sucintamente algo que va más allá de los límites en los que a menudo se confina, en el discurso corriente, la experiencia de la sensualidad y el amor. Aquí se trata de una conmoción más allá de la imagen y rebelde incluso a las palabras, pues no en vano ella dice que para describirla habría que inventar una que no existe.

El disolverse de Paule en la dulzura del amor divino no deriva en esta escena infantil hacia la angustia. Pero más tarde en su vida, ese mismo amor divino adquirirá un tinte nuevo, en el que ya no se trata sólo de dulzura. Como ella misma dirá muchos años más tarde en un escrito, Dios «adornó el amor con angustia para purificarlo».

Exigencias del amor

Así, el amor de Dios tiene sus riesgos y sus exigencias, supone renuncias radicales. Y, seguramente, si puede esperarlas es porque la satisfacción que promete está fuera de toda proporción. Dos años antes de la escena infantil de la playa, Paule se había detenido ante una exposición de cunas en compañía de su madre. Contempló allí llena de deseo una cunita alsaciana, de mimbre, devorándola con los ojos, cautivada. Y exclamó: «¡Ésta es la que quisiera tener!». Pero de inmediato escondió la cabeza en la capucha de su abrigo y se puso a llorar amargamente, mientras decía: «Pero tú bien sabes que nunca la tendré… Perdóname, Dios mío». Su biógrafa concluye: «En efecto, Paule no recuerda haber tenido otro deseo que el de pertenecer a Dios, y esto desde el despertar de su conciencia». Podríamos objetar que aquel día sí había deseado algo. Pero este deseo fue arrancado de raíz en aras de una pasión superior. El amado, que en realidad es ante todo amante, exige sacrificios que pueden ser radicales.

Lo que está en juego en esta anécdota es significativo. Se trata de la renuncia inmediata a algo que podía considerarse normal en una niña cualquiera. Fascinada ante un objeto que quizás evoca un destino posible de madre, ¿concibe por un momento esa vía para su condición femenina? En todo caso, tal interés mundano se revela incompatible con su precocísima vocación. Su ser mujer, no pasará, pues, por vías más o menos típicas, articuladas, por ejemplo, de algún modo con la maternidad como un modo de gozar de la vida y de su transmisión.

Sea como sea, el que desde entonces se le propone no es un destino evidente ni fácil de asumir, como revelan algunos de sus testimonios, en los que se aprecia cierta perplejidad. En 1919, con 16 años, se mantiene su asombro ante la elección amorosa llevada a cabo por Dios en su persona: «Le pido al Espíritu Santo que me esclarezca todavía más, pero creo que es imposible, porque estoy segura de que el buen Dios me llama y no es de mí de quien proviene este deseo. Lo que no comprendo es por qué el buen Dios querría amarme tanto, pues yo no he hecho casi nada por él». Es entonces cuando le revela a su madre el secreto de su vocación religiosa, precisando que su deseo es estar *sola* con Dios.

Hay que decir que sus padres recibieron con preocupación la noticia de que su hija quería entrar en una orden religiosa: una hermana mayor de Paule había sido internada por una grave crisis al cabo de poco tiempo de ingresar en las Clarisas. Por su parte, habiendo descubierto tempranamente los escritos de Teresa de Jesús, Paule se sintió atraída hacia la orden del Carmelo. Pero el director de conciencia que elige entonces, el padre Périer, pronto se alarma ante los excesos de su actividad religiosa, en la que penitencia y ayuno son constantes y, al parecer, excesivos. Ante este furor por la privación, Périer aconseja una orden religiosa más orientada hacia el mundo terrenal que a la contemplación.

Todo amor extremo, marcado por una certeza inconmovible, tiene también riesgos, como lo demostrará más adelante el abismo donde caerá Marie de la Trinité, que adquiere a partir de cierto momento la forma de lo que ella misma llamará «una enfermedad».

Las delicias, la angustia y el dolor

Con estos antecedentes, su destino singular se sella la noche del 11 al 12 de agosto de 1929, cuando vive una experiencia decisiva, teñida de una gran ambigüedad, pero en la que se trata sin duda, en sus propios términos, de vivir «las delicias» de la unión con Dios. Vivencia gozosa que, sin embargo, tiene también su lado doloroso y supone un desafío: «[...] esto provoca un intenso dolor de no ser más que una pobre pequeña naturaleza humana [...] Es preciso un coraje extremo [...]». Se trata de lo que ella bautizará como «gracia trinitaria», en la que experimenta «[...] la atracción del Padre, luego como una irrupción muy suave de toda su Paternidad en toda mi substancia». Durante esas horas de arrebato, se siente unida a Dios a través de lo que llama «su abrazo».

Es innegable que en la misma descripción de esta vivencia, que podemos calificar como un éxtasis místico, se aprecia ya la mezcla de la delicia y el dolor, también la angustia, como elementos inseparables. Dolor y angustia que anticipan el abismo al que se verá arrastrada la elegida por tan vertiginoso amor, opuesto a toda convención, incluyendo las propias del mundo religioso y sus compromisos terrenos.

Debido al desacuerdo entre los consejos de Périer —a quien no puede evitar obedecer— y su propia orientación espontánea, el inicio de la vida religiosa de Paule había quedado marcado por el signo de una profunda contrariedad. En adelante, experimentará una dolorosa división entre sus deseos de una vida contemplativa de oración solitaria y las exigencias de una predicación más mundana, a la que debe consentir para no tener que reprocharse su egoísmo. Al principio, ella misma cree que su afán por ingresar en el Carmelo cederá y que podrá aceptar una orden religiosa distinta, pero poco a poco se afianza su sensación de que «[se] sentía otra, de otra estructura».

Aunque dice aceptar los consejos de Périer, en 1926 —o sea, tres años antes de su experiencia mística trinitaria y el comienzo de su noviciado en las dominicas de los campos— viaja a París desde Lyon y visita por su cuenta al provincial de la orden de los carmelitas. Lo que éste le dice reaviva su pasión. Pero de vuelta a Lyon somete su experiencia a Périer, quien censura tal comportamiento independiente. Desde este instante, el conflicto entre la obediencia y el deseo se instala con toda su fuerza y todas sus paradojas.

En este punto, podemos guiarnos por lo que la propia Marie escribió al respecto en una extensa memoria dirigida al Dr. Jacques Lacan —en 1951, dos meses después de iniciar su análisis— bajo el título «Evolución psicológica y dirección espiritual». Según sus propias palabras, de aquel episodio con su director espiritual concluyó que debía «abstenerse absolutamente de toda iniciativa, que sin duda era una secreta búsqueda de independencia». Y añade: «Me sorprendí de que la renuncia a sí misma se extendiera hasta ese punto [...] me puse a expulsar de mí toda manifestación de mis más profundos deseos [...]». Para concluir: «Esta dirección me puso en contradicción con mis tendencias más sanas [...] que sentía como sanas y santas [...] de ahí mi desgarro conmigo misma y que se reforzara el miedo [...] miedo de faltar a la voluntad de Dios [...] Esto duró años. Con estos años que pasaban la angustia aumentaba... Me obligaba a renunciar al Carmelo [...] me lo repetía sin llegar a convencerme y la falta de éxito conmigo misma me perturbaba».

Así, el momento de la experiencia antes citada, la «gracia» de 1929, no es cualquiera. Se produce precisamente cuando, cediendo a presiones y en medio de una tensión que ya se vuelve angustiosa, Paule ha ido a visitar la comunidad en la que está previsto que ingrese. Digamos entonces que en el instante en que está a punto de ceder en su deseo más íntimo, que es el de una unión personal con Dios, este último se le manifiesta repentinamente con la mayor intensidad, violentamente, en un arrebato. Por otra parte, en posteriores experiencias (otras gracias que tuvieron lugar en 1940 y 1941) la manifestación del amor de Dios se mezcla con el reproche por no dedicarse enteramente a él y no «haberse servido enteramente de su sacerdocio». Su Dios se muestra a veces particularmente celoso y le dice «Ocúpate sólo de mí» —como consigna Marie en marzo de 1942—.

La tensión entre dos obediencias incompatibles, vividas ambas de un modo extremo, da la clave de la forma —podríamos decir la envoltura formal— que adquirirán en adelante sus padecimientos. Aunque los agentes inmediatos de aquella tortura espiritual fueron sus consejeros y luego la madre superiora de su congregación, la madre Saint Jean, esta serie se había iniciado antes, con su propia madre. Así, en una carta dirigida a su hermana Susana, fechada el 25 de mayo de 1956, o sea, años después de su recorrido analítico con Lacan y el mismo año en que decidió emprender estudios de psicología, escribe:

La búsqueda de perfección de mamá tenía un aspecto admirable —pero yo la sentía como extenuante y como algo que no le dejaba a uno vivir— al mismo tiempo que me sumergía en los remordimientos por no poder tomar como un ideal ser como ella. Malestares infantiles como éstos pueden, más adelante, crear nidos de angustia y ambivalencias paralizantes, es decir, tendencias contradictorias de las cuales a veces domina una, a veces la otra, con la angustia perpetua de dejar una para optar por la otra y recíprocamente, al ser ambas imposibles de forma conjunta.

Del noviciado a la «neurosis reaccional»

Desde el inicio de su noviciado, en 1930, meses después de la experiencia mística de 1929, Marie de la Trinité, nombre con el que se ordenará, confiesa a sus padres que le cuesta obedecer, no puede seguir el reglamento. Es un rasgo que se mantendrá durante años y que estará en el origen inmediato de la gran crisis que padeció abiertamente a partir de 1941, que es cuando su biógrafa habla de «primeros signos de depresión» a consecuencia de «la sobrecarga de responsabilidades y de las tensiones que éstas provocan». Esto se hace cada vez más evidente a lo largo del noviciado de Marie, que termina en 1942.

Marie se gana de inmediato la confianza de la madre Saint Jean, quien le hace asumir importantes responsabilidades desde un primer momento, incluso durante el noviciado. Se destaca enseguida del resto y algunos testimonios de otras novicias nos la presentan como invadida por una presencia, como poseída por Dios. También inspira en algunas cierto temor, incluso antipatía. Se dice que tiene algo perturbador, pero ante todo se destaca que es «fuera de lo común». Una monja llegará a considerar (en un documento de 1944) que quizás «a la debilidad de su cerebro» se añadiría «una acción del demonio que se aprovecharía de ella».

El estallido de la Segunda Guerra Mundial supuso, desde 1940, la conversión del edificio del noviciado en hospital militar y luego empezaría una serie de traslados y nuevas fundaciones de la orden, todo lo cual iba a redundar en un aumento de sus responsabilidades prácticas. El propio contexto de la guerra estaba ahí como trasfondo, dando una aguda intensidad a los requerimientos de cuidar del mundo y de las personas. Todo ello agravó las exigencias a las que tenía que hacer frente Marie.

Desde su entrada en la orden de las dominicas de los campos, aparte de la madre Saint Jean hay otro referente espiritual que ocupa un lugar decisivo en la vida de Marie, no siempre en el mejor de los sentidos: se trata de Marie-Dominique Chauvin, que tiene un papel relevante en la orden de los dominicos y a quien le corresponde un papel de orientación en las sucesivas fundaciones. Marie se convierte en una auxiliar imprescindible, a las órdenes del padre Chauvin y de la madre Saint Jean, quienes le exigen cada vez más compromisos y más renuncias a su verdadera vocación.

El padre Chauvin adquiere un protagonismo definitivo a partir del momento en que, como señalará Marie en una relación posterior (al padre Beyes), se empeña en ocuparse personalmente de su examen canónico y se postula como su único confesor. En la oportunidad decisiva de su profesión de fe perpetua, Marie, sometida a la presión inflexible de Chauvin —¡quien insiste en saber lo que para ella es mejor!—, sufre una crisis de llanto y se siente sumida en una angustia espantosa, ante la imposibilidad de comprometerse de un modo definitivo.

Ya en 1939, Marie había escrito a sus superiores, rogándoles su permiso para entrar en una cartuja con el fin de seguir allí una regla de vida contemplativa. El tono dramático de este escrito anunciaba sin duda lo peor: «Les ruego que tengan piedad de mí debido a la angustia en la que me encuentro y el tormento de la conciencia que nada puede calmar». Pero la respuesta que obtiene, muy dura, decepciona sus expectativas y refuerza exigencias que ya eran insoportables.

En junio de 1941, otra experiencia mística (la que ella llama «gracia sacerdotal») marca un paso decisivo hacia el abismo. En cartas dirigidas a la madre Saint Jean, describe el episodio como un «golpe mortal» y detalla que desde entonces se encuentra como enterrada viva, además de asistir ella misma a su propio entierro. Se siente como «una piedra arrojada al fondo del agua» y pronostica que va a quedar inservible.

Algo de la relación con Dios se vuelve entonces extremadamente exigente, implacable, el deseo del ser supremo parece no tener ningún límite: «Déjame gozar de ti, deja que te posea, deja que te inmole», son los mandatos que atribuye respectivamente al Padre, al Hijo y al Espíritu Santo. Sin duda, la exigencia de goce está vinculada específicamente al Padre, ya que más adelante es éste quien insiste: «Yo, tu Padre, quiero gozar de ti, por eso te quiero a toda ti presente dentro de mí».

Desde 1942, el padre Motte se convierte en el nuevo director espiritual de Marie. Con él establece desde un principio una relación particularmente intensa, teñida de amistad, y le dirige muchos de sus escritos, en particular los referidos a sus experiencias místicas. De este modo, Motte se convierte en un testigo privilegiado de su relación con Dios. A petición de Marie y ante síntomas preocupantes, consigue que se relajen algunas de las exigencias a las que ella tiene que responder en la vida monástica. Así, podrá dedicar más tiempo a la oración y también a la escritura, a la que se entrega con frenesí.

Pero al cabo de un tiempo, en 1943, Motte se alarma ante sus excesos y le pide que deje de escribir. Desde aquel momento, su situación, en vez de mejorar, se agrava. Dice que su cuerpo es una «botella de agua caliente demasiado llena», se queja de fuga de ideas. La prohibición de la escritura tiene sin duda un papel crucial en el agravamiento de los síntomas, ya que queda tocada la confianza en lo que constituye un elemento fundamental en el testimonio de su experiencia mística, la cual es puesta de este modo en cuestión. Marie se ve reducida al silencio, lo que le hace sentirse sometida a una obediencia sin límite, sin defensa ante un completo hundimiento subjetivo.

Y, a pesar de estas penalidades, ella es consciente en todo momento de un destino excepcional. Así, aun cuando siente el peso de los eternos designios del Padre, sabe que «la luz bajo la cual los misterios le son propuestos ocuparía a una armada de teólogos». Para ella, la escritura, que la hace otra que ella misma, era un deber irrenunciable, pues, como dice en su *Pequeño libro de las gracias*: «Me parece (como si no se tratara en absoluto de mí misma) que el conjunto de lo que está escrito es tan importante como los escritos de san Juan de la Cruz, las santas Teresa de Ávila y de Lisieux, Elisabeth de la Trinité, o quizás más incluso».

Progresivamente, según Christiane Sanson, «la depresión [...] se acentúa hasta que en 1945 estalla una neurosis reaccional [...]», a consecuencia de la cual dimite del importante lugar de consejera general de la orden, cargo que había asumido contra su voluntad porque sus tareas y responsabilidades se interponían cotidianamente con los requerimientos de su pasión: la oración constante, único medio para mantener la íntima relación con Dios que únicamente puede concebir en la soledad más completa.

La madre Saint Jean anota en su diario que Marie la ha visitado para hacerle entrega de un pequeño cuadro hecho por ella misma a lápiz, que representa el Cristo de Leonardo de Vinci. En el envoltorio de este presente se lee, escrita en latín, la siguiente inscripción: «Los dolores de la muerte me han rodeado». Años más tarde, Marie relacionará este regalo con el presentimiento de que pronto se iniciaría para ella una larga prueba, que llama «la prueba de Job». Indicación de que los sufrimientos que padecerá en adelante en su enfermedad tienen, desde un principio, una significación religiosa y se vinculan, además de con el personaje de Job, con la propia pasión de Cristo.

En diciembre de 1947, la madre Saint Jean hace una aguda observación sobre el estado de Marie, refiriendo que la ha visto golpeada por Dios, humillada, «dolorosamente golpeada en la parte extremadamente sensible que une el alma con el cuerpo [...]». Fina observación que no deja de recordarnos la expresión de Lacan sobre la «juntura más íntima del sentimiento de la vida en el sujeto».

Como la propia Marie testimoniará más tarde (1950), en aquel momento llegó a la terrible conclusión de que ni siquiera la obediencia, ni la aceptación, ni la oración habían sido capaces de suprimir los límites humanos. Y, lo que es peor aún, se da cuenta de que el hundimiento psíquico tampoco deja a salvo la vida espiritual, que resulta paralizada. Al cabo de un tiempo, la misma prueba de Job se queda corta para describir el padecimiento en el que había quedado encerrada, y acude a su mente la imagen de la *Eiserne Jungfrau*, dispositivo de suplicio «que se encuentra en el museo de las torturas de Nuremberg».

De entre los síntomas que la afligen, es de destacar, además de una profunda tristeza, la anorexia que ya se había desencadenado en 1943, trastorno que se inicia bajo la significación de una penitencia, pero que se convierte en algo que está fuera de control, padecimiento alimentado por un superyó feroz que no se conforma con ninguna renuncia, aunque pueda poner en peligro la vida. De hecho, la muerte está en todo momento en el horizonte.

En adelante, Marie se considera ya gravemente enferma y atrapada en un círculo vicioso del que se considera incapaz de salir. No duda en referirse a un «trastorno mental», ante el cual todas sus tentativas de superación fracasan, mientras siente que su entorno ocupa para ella el lugar de un acusador severo.

A partir de entonces, buscará ayuda, incansablemente, iniciando un largo recorrido que la llevará a consultar a 20 profesionales, entre psiquiatras y psicoanalistas, recorrido del que conservará abundantes notas escritas, correspondencias y también algunos textos más sistemáticos, uno de los cuales será, precisamente, «De la angustia a la paz», dirigido al Dr. Jacques Lacan.

Su búsqueda de ayuda lleva a Marie a entrar en relación en 1945 con el Dr. Nodet, psiquiatra que por entonces está iniciando su formación psicoanalítica, motivo por el cual dice no poder encargarse del tratamiento psicoterapéutico que sería necesario. Marie lo considera «muy espiritual». En una carta que le dirige en 1946, Nodet le escribe a Marie que su neurosis es «grave, muy grave».

Ante la imposibilidad por parte de Nodet de hacerse cargo del tratamiento psicoterapéutico, Marie acudirá a tres psicoanalistas antes de hablar con Lacan. El primero, a quien ve de marzo a diciembre de 1946, es el Dr. Parcheminey, quien la pone en guardia contra el riesgo de que el psicoanálisis afecte a su fe religiosa. Aunque al parecer la consideró demasiado mayor como para que la cura tuviera éxito. Luego, de julio a septiembre de 1949, le tocó el turno al Dr. Courchet, de quien Marie consignó en sus notas: «Siempre insiste en lo mismo: "siente usted algo en mí que vive como una amenaza y que le da miedo"». Por otra parte, el psicoanalista se entretiene demasiado en el tema de la castidad y en su forma de hablar hay algo que violenta a Marie, quien le pide por escrito interrumpir el tratamiento.

El hecho más notorio es que, a pesar de no ocuparse personalmente del tratamiento psicoterapéutico, el Dr. Nodet mantiene una activa correspondencia con el padre Motte. Al parecer, Marie no ignoraba que Nodet y Motte se comunicaban entre ellos en relación a su enfermedad, constituyendo una especie de comité de salud mental y espiritual. Pero Motte comete el abuso imperdonable de compartir con Nodet cartas que ella le había enviado, violando gravemente su intimidad.

Hay que decir que en 1949, cuando Marie consulta a un tercer psicoanalista, Daniel Lagache, le habla del carácter devastador de la infidencia de Motte. Se refiere a él sin ser capaz siquiera de pronunciar su nombre y dice que «me dirigía para someterme, para saciarse conmigo, él que, por el contrario, estaba ahí para servirme a mí, para ayudarme a ser yo misma». Considera incluso que está «hechizada». Hay, por tanto, un tinte persecutorio en su forma de referirse a su último director de conciencia.

En 1951, Marie escribirá a Motte un carta donde denuncia con claridad el brutal desgarro que su gesto supuso para ella y las consecuencias que tuvo en el agravamiento de sus síntomas. Le dice que desde entonces ya no vive, las cosas se limitan a ocurrir y a deslizarse: «Ya no vivo nada. Sólo existo aquí o allí, haciendo esto o aquello; pero mi vida está separada de mi existencia —y lo que marca el corte y lo mantiene son precisamente las cosas que me obsesionan, de las que usted ha sido la causa instrumental—». Al poco tiempo de quedarse sin director espiritual, Marie había perdido también a su padre, que muere en junio del mismo año.

Lobotomía o psicoanálisis

La situación de Marie no parece mejorar a pesar de todas las tentativas de solución. Hay que reconocerle a Nodet la virtud de la constancia, pero el caso es que después de intentar Marie diversos tratamientos —entre los cuales varias sesiones de «narcoanálisis» con él mismo— este psiquiatra y psicoanalista en formación no tiene nada mejor que proponer que una lobotomía frontal, intervención quirúrgica cuyos efectos destructivos son de sobra conocidos.

Nodet es sospechosamente insistente en este sentido y escribe cartas para convencer tanto a la madre Saint Jean como al padre Motte. Le escribe también a Marie, planteándole que no le queda ninguna otra salida salvo la cirugía, apremiándola a pedir una cita con el neurocirujano y llegando a decirle que «la decisión está tomada». Para terminar, sentencia: «[...] es lo mejor que se puede esperar para usted». Afortunadamente, otros interlocutores, entre ellos un psicoanalista y también un neurocirujano, desaconsejan la operación que Nodet sigue preconizando.

En este momento, tras algunas consultas más, Marie se va a vivir a París (ocupa una habitación en el 179 *rue de la Pompe*). Tras el intento de cura con Courchet, se dirige en marzo de 1950 a Lagache, quien, a su vez, dice no poder ocuparse de ella más allá de una primer entrevista y la remite a Lacan, comentándole que se trata de «un hombre algo mayor que yo, notable por su inteligencia y su cultura, de una gran experiencia psiquiátrica y psicoanalítica». Y añade: «Creo que es para usted una oportunidad que no debe dejar pasar».

Así, el 30 de marzo de 1950, Marie acude a la consulta de Lacan en el 5 *rue de Lille* y seguirá en análisis hasta 1953. La cura no está exenta de sobresaltos e interrupciones. El 17 julio de 1950, a los pocos meses de haber iniciado el tratamiento, Marie le escribe a Lacan una carta con una larga serie de observaciones sobre las dificultades que tiene con la cura, se siente estancada, bloqueada. Reconoce todo lo que el analista hace por ella: sesiones diarias, «esa comprensión profunda y exacta de todo lo que yo le digo [...] y la cosa es facilitada por la confianza que le tengo». Pero teme no avanzar: «Me sigo sintiendo bloqueada, esos bloqueos corresponden todos, creo, a magulladuras; los bloqueos impiden que la savia de la vida circule, y a la larga, las regiones desvitalizadas se atrofian —y las magulladuras que han como roto los vasos también han disociado profundamente las cosas unas de otras, aun sin destruirlas: han quedado separadas, sin relación unas con otras».

En ausencia de Lacan por vacaciones, Marie acude de nuevo a Lagache en agosto, pero éste insiste en no ocuparse de ella. A comienzos de septiembre, Lacan responde a la carta de Marie del mes de julio en términos tranquilizadores: «Mi muy querida hermana, no tema por el futuro de su tratamiento. Dado que Dios la ha puesto entre mis manos, créame usted que sabré hacerle franquear el paso interior en el que puedo ser su guía». Pero tras retomar el tratamiento el día 17 de septiembre, Marie escribe a Lacan para anular su cita del día 19. Es entonces cuando Lacan se dirige a ella por medio de la carta que está recogida en este volumen.

Kristell Jeannot, que ha tenido acceso a todo el dossier de Marie de la Trinité y que, por tanto, ha podido consultar las notas que ella iba tomando a lo largo de la cura, destaca las vicisitudes de la relación transferencial con Lacan. Considera que Marie se siente alienada respecto a todo aquel que sitúa en el lugar del amo, ante lo cual responde con un fantasma de ser pisoteada, término que usa en diversas ocasiones ella misma para referirse a sus sucesivos directores de conciencia. Hay una suposición de que quien ocupa este lugar obtiene una satisfacción sometiéndola y maltratándola. El maltrato adopta a menudo la forma de la exigencia de una obediencia sin límites, a la que ella no se puede sustraer, pero que la mortifica y la aniquila.

Inevitablemente, la transferencia queda teñida por esta interpretación, lo cual testimonia Marie en sus notas, con comentarios sobre la dureza de las sesiones y la supuesta insensibilidad de Lacan, a pesar de que en otras ocasiones aprecia su disponibilidad y su escucha atenta.

En todo caso, ante las quejas por parte de Marie de ser maltratada por los demás, Lacan no renuncia a situar la responsabilidad del sujeto: «hay que ver de qué modo se ha prestado usted», «algo ha puesto de su parte para que así ocurra». Además, como destaca Agnès Aflalo (en «La excepción mística en el siglo xx»), el análisis revelará que mediante los síntomas, en los que la nada lo invade todo hasta poner en peligro la vida, algo del maltrato recibido del otro es devuelto a este último, aterrorizándolo. De este modo, ella, que es atormentada, es también agente de un tormento que le hace sentirse tanto más culpable: «Nos hemos hecho sufrir mutuamente, pero ella [la madre Saint Jean] me hizo sufrir santamente, mientras que yo la hice sufrir con maldad [...]».

Por otra parte, en respuesta a la insistencia de Marie sobre la dificultad con las distintas figuras de autoridad religiosa con las que se enfrenta, Lacan parece haber intentado separar la relación con Dios de la vida religiosa, llegando a cuestionar incluso que esta última sea el medio adecuado para proseguir su objetivo de unirse con Dios.

La cuestión de lo femenino parece haber ocupado también un lugar significativo en el análisis y Marie desarrolló en sesión ciertas tesis sobre este tema que el analista llegó a puntuar enfáticamente exclamando: «¡Exacto!». Algunas anotaciones de Marie se refieren a sesiones en las que se ha referido a la religión como falocéntrica y consignan las respuestas de Lacan, en las que él la animaba a mandar «ese tipo de religión» a paseo y «hacerse una adecuada a ella». Resulta significativo, por otra parte, a la luz de lo que más tarde dirá Lacan en el seminario «Aún» acerca de los místicos, que pusiera de relieve la afirmación de Marie de que ella «ignora lo que experimenta». La solución mística de Marie resuelve la imposibilidad contenida en la fórmula sintomática «hombre y mujer» por la vía de una versión de *La* mujer, como plantea igualmente Agnès Aflalo en su contribución antes mencionada.

En cualquier caso, a pesar del cuidado de Lacan, quien en diversas ocasiones se muestra particularmente benévolo, la desconfianza parece haberse instalado en la transferencia, como se aprecia en algunos comentarios de Marie sobre la impresión de que el analista se burla, así como en una carta enviada a Lagache en mayo de 1952, donde le dice que tiene la impresión de que Lacan la detesta y que actúa como lo hace para reírse de ella. Por eso, dice, «me parece que es equivocado por mi parte seguir con una situación en la que la confianza que quiero tener parece hacer el juego al engaño». Pero tampoco Lagache se salva de la desconfianza: «Cuando usted me dijo el otro día que había visto al Dr. Lacan el martes por la noche, enseguida pensé que los dos podían confabularse contra mí».

Será en marzo de este año 1953 cuando siente que está demasiado grave para que el psicoanálisis pueda resolver sus obsesiones. Aunque reconoce que el trabajo analítico le ha sido de gran ayuda, inicia una nueva serie de consultas con el fin de desembarazarse de síntomas que no desaparecen por completo. Se le aconseja un choque insulínico y una «cura de sueño», mediante lo que entonces se conoce como «cocktail Laborit», que se llevarán a cabo en el hospital de Bonneval —dirigido por Henri Ey— entre marzo y abril de 1953, con una duración prevista de un mes. Pero los sufrimientos ocasionados por el tratamiento son tan insoportables que al cabo de 12 días Marie exige la suspensión de la cura química.

Según se desprende de informaciones contenidas entre los papeles de Marie sobre su análisis, destacadas por Agnès Aflalo, Lacan había desaconsejado la cura insulínica y la cura de sueño, considerándolas como un *acting-out* —teniendo en cuenta también episodios de probables pasajes al acto en los que Marie habría buscado la muerte (incidentes entre los cuales quizás habría que incluir un accidente de coche)—. Así, también los «narcoanálisis» anteriores aplicados por Nodet se inscribirían para Marie en esta lógica, en una zona de intersección entre el sueño y la muerte, que a su vez evoca los castigos a los que la había sometido su madre ante sus rabietas, primera versión de las curas de sueño en la vida de Marie. La biógrafa

Marie Sanson da de estos tratamientos-castigo una versión edulcorada: «La señora Mulatier —madre atenta— enviaba a Paule a acostarse en vez de castigarla». Pero las notas de Marie sobre su análisis parecen indicar que se trataba de castigos severos, en los que la niña debía permanecer días confinada «durmiendo» en su habitación. En todo caso, tal es el recuerdo que le queda a Marie de aquellos episodios.

Morir de podredumbre, para escándalo de la Iglesia

En el testimonio escrito del episodio de Bonneval, «De la angustia a la paz», la experiencia aterradora está marcada por acentos melancólicos. En medio del sopor forzado por la medicación y mientras Marie se resiste a un sueño que percibe como aniquilador, se impone la certeza de que va a morir y de que su muerte en la cama, en medio de la podredumbre, es algo merecido por haber vivido una vida entera en la falsedad. Llama la atención, por otra parte, la idea que surge en ese momento extremo: al descubrirse su cuerpo muerto, el escándalo salpicará al Papa y a los obispos, todo el mundo lo sabrá.

A continuación de este episodio, Marie se pone en contacto telefónico con Lacan, quien, por un lado, le objeta que ya no dispone de horarios libres para atenderla y, por otro lado, le encarga la redacción de la memoria sobre su estadía en Bonneval. Lejos de sentirse abandonada, Marie escribirá que «esta decisión [de Lacan] fue sin duda excelente [...] ya que reuniendo entonces las pocas fuerzas morales y el coraje que tenía, me dediqué a utilizar de la mejor manera la experiencia adquirida durante estos cuatro años de psicoanálisis. De este modo inicié, completamente sola, mi reconstrucción a partir de cero».

A pesar de todo, Marie llevará a cabo posteriormente un último tratamiento con Jacqueline Renaud. Hecho destacable, entre 1956 y 1959 estudió psicología en la Sorbona y en los hospitales de Sainte-Anne (París) y Saint-Maurice (Charenton). Más tarde fue asistente de Cornelia Quarti en el servicio de medicina psicosomática del hospital Vaugirard. Participó en diversas jornadas profesionales, de la que podemos destacar el Congreso Internacional de Psicología Aplicada (Roma, 1958), donde leyó un trabajo titulado «Psicoterapia mediante el despertar de las tendencias».

Hay que decir que a pesar de haber aceptado la finalización del tratamiento por parte de Lacan y de haber recurrido posteriormente a otros tratamientos, Marie siguió visitándole a partir de 1956 y hasta 1957 con objeto de que supervisara su formación como psicoterapeuta. En sus intercambios, le comenta también sus trabajos y comunicaciones en congresos, como los referidos a «Factores emocionales y vida espiritual», «Las interferencias de la vocación y del psiquismo» e «Investigaciones de interioridad y exterioridad».

La relación se interrumpió, al parecer, tras negarse Marie a pagar por estos encuentros con Lacan, quien insistió en cobrárselos al mismo precio que sus sesiones. Este límite preciso puesto por Lacan a cierta exigencia por parte de Marie de un tratamiento excepcional se debe poner en relación, por otra parte, con otros dos momentos en que el analista ha dicho *no* —por ejemplo, con su negativa a proseguir las sesiones después de Bonneval—.

En todo caso, antes de concluir sobre estos avatares transferenciales, hay que tener en cuenta que la relación posterior con la Dra. Jacqueline Renaud —que inauguró su encuentro con Marie de la Trinité declarando que consideraba el psicoanálisis una acción nula o, aún peor, disolvente de la personalidad moral— terminó relativamente pronto, a pesar de haberse iniciado bajo los excelentes augurios de una «comprensión inmediata y profunda entre ambas mujeres», de acuerdo con la entusiástica valoración de Christiane Sanson. Y, a pesar de que esta última habla de la «eficacia de la nueva terapia», Marie volvió a someterse a un ingreso, esta vez en la clínica Montsouris, para llevar a cabo un nuevo tratamiento farmacológico supervisado por la misma psicoterapeuta y calificado de peligroso. Y que... una vez más, tuvo que ser interrumpido *in extremis*.

Breuer vs. Freud / Nodet vs. Lacan

Aunque sea a modo de divertimento, resulta tentador establecer un paralelismo entre las peripecias de Breuer y Freud con Anna O., por un lado, y las de Nodet y Lacan con Marie de la Trinité, por otro. Por supuesto, la comparación es forzada, entre otras cosas porque Lacan no fue el único psicoanalista al que Marie se dirigió, pero en todo caso es el único con quien ella reconoce haber llevado a cabo un psicoanálisis. De todas formas, Nodet no fue para Lacan lo que Breuer para Freud, ni mucho menos. Y quien le derivó el caso fue Lagache, que tampoco quiso complicarse con Marie.

Sea como sea, Nodet retrocedió. Ante la posibilidad de hacerse cargo del tratamiento psicoterapéutico de Marie, se excusó en su falta de disponibilidad debido a su formación, que le obligaba a viajar constantemente a Suiza. Es difícil no ver en este punto una excusa, que se hace tanto más evidente cuando se comprueba que Nodet siguió ocupándose, incluso demasiado, del caso. Y lo hizo insistiendo en un tratamiento que no sólo no cabía en el marco del psicoanálisis, sino que incluso dejaba de ser propiamente psiquiátrico para adentrarse en el campo, bien distinto, de la neurocirugía.

Podemos preguntarnos si dimitió ante la angustia provocada por una paciente que parecía encarnar para él la figura de una exigencia femenina sin límites. Marie parece haberse convertido en una obsesión para Nodet, hasta el punto de llevar a cabo acciones cuestionables, tanto desde la ética del psicoanálisis como de la deontología propia de la psiquiatría. En este punto, su caso es más grave que el de Breuer, quien ante los alarmantes fenómenos transferenciales de su paciente se limita a poner pies en polvorosa, largarse con su mujer y dejar que su colega Freud se ocupe de una paciente que amenazaba —creía él— con complicarle la vida.

Aunque remite el caso a otros colegas, Nodet no se larga, sino que sigue queriendo decidir el destino de una paciente que no ha podido asumir, estableciendo una extraña alianza con su confesor, Motte. Curiosa asociación entre la dirección de conciencia y una pasión terapéutica cuya consecuencia palmaria hubiera podido ser terminar tanto con la conciencia como con el inconsciente de Marie. La expresión que usa Freud para alertar contra los riesgos del deseo de curar —*furor sanandi*— muestra estar en este caso del todo justificada. Frente a esto, merece reconocimiento la actitud de psiquiatras, incluso de un neurocirujano consultado, que pusieron objeciones a la destrucción del sujeto.

Lacan, por su parte, no retrocedió ante esa mujer habituada a lidiar nada menos que con el propio Dios. Una mujer que interpelaba a los saberes de su época y les planteaba algo que ella misma consideraba imposible de resolver. Del mismo modo que su religiosidad fuera de lo común desafiaba las modestas preferencias de sus guías espirituales, así como su conflicto de obediencias suponía un desafío para la vida monástica y las relaciones de autoridad que le son propias, lo que ella llamó «su enfermedad» fue también un desafío para la larga serie de psiquiatras y psicoanalistas que consultó. De todos los psicoanalistas a quienes acudió, el Dr. Lacan fue el único que llevó a cabo con ella un trabajo sostenido y propiamente psicoanalítico.

A falta de que se hagan públicos toda una serie de escritos y correspondencias de Marie que, cuando su publicación sea autorizada, nos iluminarán sobre muchos aspectos de su enfermedad y los tratamientos que obtuvo, por lo que se refiere a la relación de Marie con Lacan contamos con los dos documentos publicados en este volumen. Además de la memoria «De la angustia a la paz», ya mencionada, está la carta que Lacan le envió el 19 de septiembre de 1950.

Antes de entrar a comentarla, es conveniente detenerse un momento en la dificultad planteada a Marie por el Dr. Parcheminey, quien como hemos visto la previno en su segunda entrevista contra la «desazón que podía acarrear el psicoanálisis en cuanto a su vocación religiosa». Hay que subrayar esto porque se trata de un error que Lacan no cometerá. En parte, sencillamente, porque a diferencia de sus colegas está decidido a hacerse cargo de Marie de la Trinité. Pero no se trata sólo de esto.

En una carta que Marie le dirige al padre Lucien, plantea algo que se sitúa en este terreno complejo y resbaladizo entre —por decirlo en sus propios términos— «el dominio psicopatológico» y «el dominio *psicoespiritual*». Y dice que, en los tres años que lleva de tratamientos, empieza a ver que el punto de vista en el que se sitúan los terapeutas supone disociar uno y otro dominio. Por un lado, dice entender que esto es precisamente lo que deben hacer. Pero añade que si «este psicoanálisis» —refiriéndose al que ya ha empezado con Lacan— debe «durar mucho tiempo, y ello es probable, no quisiera seguir dejando mucho más tiempo al margen la vida espiritual». Y finalmente concluye: «Creo incluso que es del Señor de quien me vendrá la curación [...] cuando consiga estar sola con Él solo». Destaquemos, pues, dos puntos: la cuestión de la zona entre lo psíquico y lo espiritual, la necesidad de conseguir estar «sola con Él solo».

De la lectura de la carta de Lacan —escrita en septiembre de 1950— nos llama la atención enseguida que se refiere a «la dificultad moral en la que [usted] se encuentra». Es decir, que rehusa segregar la dimensión moral del problema de su dimensión «patológica». Por otra parte, también es destacable que no la invita a resolver su conflicto de obediencia mediante un «librarse de ese vínculo» y recusa explícitamente que el análisis consista en una «iniciación a la revuelta». La fórmula verdaderamente luminosa de Lacan consiste en plantear la posibilidad, sin duda paradójica, de que en adelante dicho vínculo sea *satisfecho en toda libertad*.

Estas dos orientaciones, la no separación del problema moral y recusar de entrada toda solución en términos de liberación del vínculo de obediencia, me parecen esenciales. La más somera comparación respecto a la actitud de Nodet hace brillar las diferencias: mientras que este último niega la relevancia del conflicto moral y desplaza la causa a la «enfermedad», Lacan lo sitúa en el centro del problema y de su solución. Mientras que Nodet interfiere en el vínculo de obediencia con el padre Motte, primero invadiéndolo, luego provocando y preconizando una separación definitiva de un vínculo entonces denunciado como patológico, Lacan deja en Marie toda decisión al respecto y apuesta por «la acción que ha emprendido» ella misma para resolver la dificultad en la que se encuentra. Finalmente, en un plano más general, la forma en que Lacan se dirige a Marie está cargada de respeto, de amabilidad —le lleva una carta a su humilde domicilio en la *rue de la Pompe*— y le aporta su apoyo ante el desamparo en el que ella se encuentra.

Y, por si faltaba algo para poder mostrar la diferencia abismal entre el modo de dirigirse Nodet y Lacan respectivamente a la misma persona, destaquemos el recurso del primero a frases lapidarias, tomadas del lenguaje más gastado, sentencias inapelables («su neurosis es grave, muy grave», «la decisión ya está tomada», «es lo mejor que se puede esperar para usted»); mientras que el segundo busca los términos capaces de hablarle al sujeto en lo más íntimo. Así, Lacan, a alguien que se debate en un conflicto moral, le habla de «una perspicacia indispensable para la puesta en práctica de una virtud»; a esa persona para quien la cuestión de la soledad es fundamental, le dice que en ese momento preciso no la va a dejar sola. Destacando, por otra parte, que lo que marca el camino no está escrito de entrada y que son las propias iniciativas del sujeto las que se deben tener en cuenta para buscar las salidas de su propio laberinto —evocando finalmente el «nudo secreto» que «estamos aquí para resolver juntos»—.

Pero la disponibilidad de Lacan no implica ninguna ambigüedad, ni prestarse a todo lo que su paciente quiera. En su carta, la convoca a una hora precisa y le advierte que no trate de seguir una correspondencia a la que ella se mostraba inclinada, porque será, le dice, una pérdida de tiempo. Del mismo modo, como ya hemos mencionado, cuando tras años de trabajo analítico Marie se interna para la cura de Bonneval y la abandona al cabo de dos semanas, Lacan no le facilita retomar el tratamiento, aunque le indicará la vía de la escritura, recomendación de la que resultará precisamente la redacción de «De la angustia a la paz», entre otras cosas.

Digamos que si en un principio Lacan había hecho resonar un significante íntimo del sujeto diciéndole que no la dejaría sola, llegado el momento no duda en remitirla a su soledad para que prosiga su camino. Algo que Marie parece haber entendido e incluso aceptado, ya que entonces considera llegado el momento de llevar a cabo, «completamente sola», su reconstrucción. Sola, añadiríamos, pero no sin su escritura.

Lacan sobre Nodet y Nodet sobre sí mismo

El nombre de Charles-Henri Nodet, como por casualidad, aparece en nota a pie de página de un escrito importante de Lacan, *La dirección de la cura y los principios de su poder*. Este escrito es de 1958 y el artículo al que se hace referencia en la nota, «El psicoanalista», es de 1957 y fue publicado en la revista *L'évolution psychiatrique*. No hacía tantos años desde la cura de Marie y no cabe duda de que Lacan supo del empeño de Nodet en lobotomizarla mientras proseguía tranquilamente su formación psicoanalítica y, de vez en cuando, le practicaba alguna sesión de «narcoanálisis». Sea como sea, Nodet no era ningún desconocido para Lacan.

En el *Diccionario International de Psicoanálisis* (dir. Alain de Mijolla) hay un interesante artículo sobre Nodet donde se dice que proviene de una familia católica de cinco generaciones de médicos. Estudió psiquiatría con Clérambault, Guiraut y Claude, y al parecer tuvo contacto durante su formación con Henri Ey (como decíamos antes, director de Bonneval, donde estuvo internada Marie), Sacha Nacht, Daniel Lagache y posiblemente también con Lacan —aunque era algo menor que él, porque nació en 1907—. Además, asistió a clases del filósofo humanista cristiano Jacques Maritain, católico converso que tuvo un papel importante en la Declaración Universal de los Derechos del Hombre de 1948.

Al parecer, el interés de Nodet por el psicoanálisis se despertó en 1939 a partir de un acontecimiento inesperado con una paciente: «Estaba tratando a una paciente parapléjica de la edad de su madre y quedó perplejo al descubrir que, tras la tercera entrevista, [ella] era capaz de mover sus miembros, a la vez que le decía: "Es usted un genio, estoy curada, pero no sé cómo decírselo, ¡estoy enamorada de usted!"».

Su formación analítica propiamente dicha empezó en 1947, cuando inició su primer análisis con Charles Odier, miembro fundador de la Sociedad Psicoanalítica de París. Luego se analizó con Raymond de Saussure y entró en la SPP en 1964. En todo caso, Nodet empezó a practicar el psicoanálisis, al menos oficialmente, a partir de 1951. De modo que es cierto que el caso de Marie de la Trinité le pilló cuando todavía se estaba formando, de acuerdo con los criterios de la IPA.

Por otra parte, la relación de Nodet con el confesor de Marie, el padre Motte, sorprende a la propia biógrafa Christiane Sanson. En este sentido, es interesante tener en cuenta algunos otros datos consignados en el artículo del DIP, como que Nodet escribió muchos artículos pedagógicos destinados a introducir al psicoanálisis a miembros de la Iglesia Católica. Y se especifica: «También se ha dicho […] que había "desdemonizado" el psicoanálisis entre la jerarquía de la Iglesia».

Entre sus contribuciones encontramos títulos como «Neurosis y vida religiosa: la neurosis como obstáculo a la vida y la neurosis consecuencia de la inhibición religiosa» (1954); «Psicoanálisis y sentido del pecado» (1957) y «Algunas reflexiones sobre los valores que intervienen en la cura psicoanalítica». Leyendo el título del primero de estos artículos y la fecha en que fue escrito, podemos preguntarnos si al redactarlo tenía en mente el caso de Marie de la Trinité.

La misión de Nodet como mediador, por así decir, entre el psicoanálisis y la religión católica no careció de cierta ambición y tuvo alguna expresión internacional. Así, participó en un volumen bajo el título *The pastoral treatment of sin* (El tratamiento pastoral del pecado), en compañía de: Philippe Delaye, teólogo belga; Jacques Leclerc, teólogo y profesor también belga; Bernhard Häring, afamado teólogo católico alemán que sirvió como perito en los trabajos preliminares para el Concilio Vaticano II; y Cyril John Vogel, prelado de la iglesia católica de los EE. UU. La contribución de Nodet lleva el título «Psicoanálisis y culpa».

Lacan menciona el artículo de Nodet «El psicoanalista» como muestra de la influencia de una concepción que critica como la predominante en la obra colectiva *El psicoanálisis de hoy* —en particular, en las contribuciones de Sacha Nacht, director del volumen—. De acuerdo con esta idea, el analista cura menos por lo que dice que por lo que es. No sin ironía, Lacan dice que de este modo la cuestión de la transferencia se resuelve apelando a la bondad del analista.

Para lo que ahora nos concierne, no carece de interés leer algunos pasajes de «El psicoanalista» de Nodet, en especial los referidos a la posición del analista en cuanto que comprometido con su paciente en una relación humana: «[...] el analista está sometido a las mismas leyes y a los mismos riesgos de la intersubjetividad [...] debe estar esclarecido sobre lo que [el paciente], tanto por sus cualidades personales como por su papel de interlocutor o su función de enfermo, representa para él». «Este apego [...] puede alcanzar una intensidad que exigiría cierto freno [...] Igualmente, un interés científico demasiado imperioso iría en detrimento del enfermo [...]».

Más significativo aún resulta lo siguiente: «Hemos hablado de lo que podía tener de legítimo cierto apego al enfermo que es deseable conducir a la curación. Pero detrás de este apego no debe deslizarse una relación inconsciente en la que el analista buscaría beneficios oscuros, generalmente agresivos o narcisistas». Y enseguida: «Algunos enfermos tienen una necesidad furiosa de entregarse al psicoterapeuta: es un síntoma, que sólo puede ser analizado si no encuentra frente a él otro furor, el *furor sanandi*. [...] hay vocaciones de psicoterapeutas que son, por su parte, verdaderos síntomas».

Es en este contexto donde surge, pocos párrafos más abajo, la frase objeto de las críticas de Lacan: «[...] lo que dice el terapeuta cuenta menos que lo que él mismo es». Y, en efecto, inmediatamente, ya nada impide hablar de la bondad como una de las cualidades que permiten soportar los sinsabores de la transferencia: «En el límite, el psicoterapeuta aceptará, con el corazón impávido, que su enfermo le niegue la satisfacción de su curación, lo deje y se marche raudo a curarse con otro, como una mujer que no quiere ser feliz con el primer hombre de su vida, aquel que la ha desflorado y la ha hecho verdaderamente mujer [...] la verdadera bondad es no pensar más que en el bien del enfermo y no en la propia satisfacción estadística».

¿Recordaba Lacan el cuestionable comportamiento de Nodet con respecto a Marie de la Trinité cuando criticaba la ineficacia de este vacuo moralismo en lo que se refiere a enfrentar la cuestión ética del psicoanálisis? Me inclino a pensar que sí. En cualquier caso, llama la atención que se refiera —en una nota adicional de un escrito tan importante como «La dirección de la cura»— a un autor como éste, que no es de los más relevantes y que además no forma parte del elenco de los admitidos en *El psicoanálisis de hoy*, libro editado en 1956 al que se dirigen principalmente las críticas de Lacan en la primera parte de su texto.

Sea como sea, Nodet y Lacan se encontraron ambos con Marie y cada uno de ellos tuvo la oportunidad de demostrar de un modo práctico, en intervenciones que en parte coincidieron en el tiempo, cómo los principios éticos a los que se remitían les permitían enfrentar un caso que sin duda era difícil. Está

claro que su moral católica militante y su deseo de curar, cali-
fiquémoslo o no de furibundo, no impidieron que Nodet insis-
tiera en una medida terapéutica que, por todos los datos de los
que disponemos, era claramente inadecuada y hubiera tenido
efectos trágicos.

Por su parte, Lacan no necesita apelar a ninguna idea de
bondad para guiarse en la vía de la interpretación y del acto.
Y, llegado el momento, no muestra dificultad alguna para separarse de su paciente y da por terminado el tratamiento. No
cabe duda, por otra parte, de que la opción que propone de la
escritura en ese momento de interrupción, encargando a Marie la redacción de «De la angustia a la paz», parte de un conocimiento específico —extraído del análisis— del valor y la
eficacia que este recurso tenía para ella, quien a lo largo de su
vida escribió más de 4.000 páginas entre memorias, diarios y
cartas.

Mientras que los límites de la intervención son para Nodet
extremadamente difusos, pues no se sabe a ciencia cierta si actúa como consejero, como ayudante del consejero espiritual,
como psiquiatra, como terapeuta auxiliar o incluso como médico que opina en un asunto propio de la neuropsiquiatría,
para Lacan se trata únicamente de psicoanálisis. Esto no le
impide llevar personalmente una carta al domicilio de su paciente, pero su acción está en todo momento sometida a la finalidad propia del análisis. Y, sobre todo, no retrocede ante un
caso que se presenta como particularmente difícil e incómodo,
con el que otros colegas suyos han evitado comprometerse.

Marie y *Encore*

En su imprescindible «Marie de la Trinité» (*Quarto*, nº 90, 2007), Jacques-Alain Miller indica que lo que plantea Lacan en su seminario «Aún» en relación a los místicos debe considerarse inspirado, no sólo por las lecturas de textos de una amplia biblioteca, sino también «por el conocimiento íntimo, los destellos inéditos que pudo tener del Otro presente en Marie, a través de los procedimientos de la experiencia psicoanalítica, que durante un tiempo se superpuso, sin anularla, a la experiencia mística». Por este motivo, considera que con la publicación de sus textos y la detallada biografía llevada a cabo por Christiane Sanson, Marie de la Trinité ha hecho su entrada entre «las grandes referencias del psicoanálisis».

Por otra parte, Miller plantea que la mística que es Marie encuentra, en el refugio solitario en el que acoge el mensaje divino, una protección contra las imposiciones contradictorias del mismo superyó que la persigue, cuyo origen es claramente materno.

En otro orden de cosas, destaca un elemento a tener en cuenta en la decisión por parte de Lacan de no proseguir el tratamiento psicoanalítico tras la salida de Marie de Bonneval. Se trata de una indicación que ella misma aporta en una carta fechada el 21 de febrero de 1956, donde escribe: «Por haberlos frecuentado por mucho tiempo, los doctores con un punto de vista psico [sic] he constatado que todos ellos permanecen, sin poder ir más allá, [*plafonnent*] en un cierto nivel del ser, que los mejores de entre ellos no niegan, pero que no perciben y a partir del cual no pueden seguir». Miller considera en consecuencia que Marie sabía distinguir a los «psi» que consideraba mejores en el hecho de que eran capaces de admitir la dimensión trascendente de lo espiritual, pero no pretendían «alcanzar el conocimiento especial que ella podía tener». Se pregunta entonces si no es esto precisamente lo que hizo que Lacan diera por terminado el análisis: el reconocimiento de que se había alcanzado un límite y que, por tanto, debía dejar ir al sujeto «para que prosiguiera su camino con la ayuda de poderes distintos que los propios del psicoanálisis».

Miller recuerda también que existen muchos documentos relativos al dossier clínico de Marie, así como memorias y correspondencias, que no se han publicado alegando la notoriedad de las personas implicadas, y aboga por que salgan pronto a la luz, insistiendo en que lo hagan de forma completa. Se trata, sin duda, de un material del más alto interés, que en su día nos revelará detalles decisivos, entre otras cosas, de la relación de Marie de la Trinité con Lacan.

Para concluir

La aventura de Marie de la Trinité es la de una mujer fuera de lo común, que a través de los testimonios que aporta de su experiencia íntima nos enseña, como enseñó a Lacan, acerca de aspectos de la sexualidad femenina que no caben en los esquemas reductores de las «identidades de género», tan en boga hoy día —como tampoco cabían en su tiempo en las estrechas definiciones bajo las cuales lo femenino tendía a ser reducido al destino de ser madre o ser la mujer de un hombre—.

El carácter trágico del tropiezo de Marie con una jerarquía eclesiástica completamente ciega y sorda ante sus padecimientos, la dificultad que supuso para psiquiatras y psicoanalistas responder, ante el carácter extremo de su demanda, de un modo que no fuese una variante más de la dominación rayana en la tortura o simplemente un dejar caer, el riesgo que corrió de que en nombre de la ciencia se optara por una medida destructiva con el pretexto del bien del sujeto, todo ello hace de su caso un ejemplo privilegiado para poner a prueba la dimensión ética de una serie de prácticas que responden al malestar, el cual se presenta inevitablemente —y no pocas veces de forma extrema— como algo que cuestiona el orden establecido.

El hecho de que hoy la lobotomía casi no se practique no debe hacernos olvidar otras formas más sutiles en que el cientificismo de nuestro tiempo podría servir de pretexto para acciones poco cuidadosas y a veces destructivas contra el ser de palabra, acciones que de un modo u otro conducen a dejarlo sin voz. Más allá de las justificaciones científicas o técnicas, en este terreno siempre se juega el deseo del médico o el terapeuta, aunque esto es algo que siempre cuesta reconocer. El factor del deseo siempre tiene un lugar decisivo cuando se responde a cualquier demanda de tratamiento —provenga ésta del propio sujeto o de su entorno familiar o social, cuando se trata de personas gravemente afectadas—.

En esto no hay excusa. Ninguna práctica es neutral. Y todo síntoma, por humilde y poco interesante que nos parezca, es inseparable de los dilemas éticos y espirituales que desde siempre han acompañado a la humanidad. Aquí, sin duda, los comités de ética son inevitables, pero de ningún modo pueden sustituir a las preguntas que cada uno debe plantearse, precisamente, en soledad. Por eso, también, el control de su acto es una parte esencial de la formación del psicoanalista.

Y cuando una demanda, como en el caso de Marie de la Trinité, resulta inquietante por su carácter extremo, cuando es formulada en nombre de una experiencia que se resiste a las categorías clasificatorias al uso y a las normas del funcionamiento del discurso del amo, la posibilidad de una respuesta violenta se hace mucho mayor. No se trata tan sólo de la violencia explícita de una intervención invasiva en el cuerpo, sino también de otras manipulaciones más sutiles que pueden presentarse como beneficiosas o como el remedio de males mayores. Incluso, a veces, como inevitables —término terrible que usó Nodet en el caso de Marie—. En todo caso, no hace falta llegar al extremo de una lobotomía para dejar a alguien sin palabra y sin derecho a elegir.

Adenda: enseñanzas clínicas de «De la angustia a la paz»

El testimonio de Marie de la Trinité es un texto que merece una lectura muy atenta. La intensidad afectiva de su enunciación no debe ocultarnos la fineza con la que observa y transcribe ciertos detalles de lo vivido en medio del horror. Un detalle importante a tener en cuenta es que se trata de un texto escrito bajo transferencia, y es esta misma transferencia la que le permite al sujeto ordenar algo de una experiencia límite, a pesar de que ésta había sido vivida en la más extrema confusión. Una vez reconstituido un destinatario —que estaba allí a la espera, no por casualidad, en el psicoanalista que había dicho que no a aquella cita programada con la mortificación presentada como un tratamiento—, de ese fondo de oscuridad surgen líneas, incluso una lógica, que Marie será capaz de reconstruir. Esa misma lógica, una vez que el sujeto ha podido separarse de su puesta en acto inexorable y la puede reconstruir, funcionará como un armazón simbólico, a partir del cual podrá reconstruirse en lo que llamará su «reeducación».

Destaquemos, pues, lo que se puede plantear como una ganancia de saber respecto del episodio descrito, pero advirtiendo que consiste en el movimiento de reintegrar *a posteriori* lo obtenido a lo largo del análisis. Así, lo que había sido vivido y deseado por Marie como una solución final, como una liberación radical de los síntomas torturantes, acaba siendo interpretado, gracias al trabajo analítico previo, como la puesta en acto más radical y extrema de un funcionamiento que estaba ligado, como ahora puede verlo, a significantes precisos de la vida del sujeto.

Tal como se pone de manifiesto en lo que ella misma podrá leer de su episodio en Bonneval, Marie no encontró en la «cura de sueño» el descanso ansiado, sino la más completa realización, aumentada y llevada fuera de todo límite, de su pesadilla de siempre. Por eso, contra las expectativas que habían estado en el origen de un movimiento desesperado, con lo que el sujeto se encuentra en realidad es con el reverso de los síntomas obsesivos: la realización de un fantasma aniquilador, tras el cual surge de pronto una certeza nueva, la de la falsedad y la podredumbre. Es esto lo que Marie llama «rozar la locura»: el momento en que lo que se le ofrece al sujeto es tomar la vía más consecuente del delirio, desarrollando lo que ella describe, con especial precisión, como «una concatenación lógica a la que yo no tenía nada que objetar».

Ante la certeza asumida ahora plenamente de una culpa infinita y sin discusión, ya no caben las protestas del sujeto, la excusa de su amor por Dios y la propia espiritualidad religiosa que había sido el centro mismo de la vida se revela como una impostura. Con todo, ese holocausto del sujeto, la propia podredumbre en la que la muerte física y moral se mezclan indisolublemente, no carece de tintes grandiosos. Marie no sería la única víctima de la catástrofe. La propia Iglesia —sin que se salve ni el Papa— sucumbiría bajo el juicio de un Dios tan infinitamente bueno como implacable, salpicada como está por la denuncia de una impostura generalizada que parece sacudir el mundo entero. Mientras que en otro momento Marie podrá situar su producción como «tan importante como los escritos de san Juan de la Cruz, las santas Teresa de Ávila y de Lisieux, Elisabeth de la Trinité, o quizás más incluso», ahora es su podredumbre misma la que alcanza esa importancia, aunque en una escala invertida.

¿Qué detiene al sujeto en el último momento, cuando hubiera podido dejarse llevar por esa lógica implacable? Después de todo, había en ello la posibilidad de cierto alivio. Aunque sólo fuera el de dejar de luchar interminablemente contra la larga serie de acusaciones a las que había tenido que responder, tras las cuales acechaban las más fundamentales, largo tiempo veladas, de la impostura y la degradación moral. El panorama de una final reconciliación, que no deja de evocar la *Versöhnung* schreberiana, se insinúa, tentador, bajo estas palabras de Marie: «Lo que me consolaba, en el colmo de esta aflicción, era que al fin se habría hecho la luz sobre mi caso —ya que, desde que soy religiosa, siempre he sido duramente criticada por unos y aprobada por otros, y mi persona siempre provocaba divisiones. Había necesitado mucho tiempo para darme cuenta. La cosa, al menos, iba a quedar clara: ya no sería ángel para unos, demonio para otros, ya sólo sería demonio y todo el mundo estaría al fin de acuerdo en pensar lo mismo. Si gracias a esto podía renacer la unidad, estaba muy bien».

La propia muerte del sujeto, inscrita en esta reconciliación general y presentada como solución en ese brote de delirio, recuerda al *morir-dormir* hamletiano que se antoja seriamente deseable porque con él terminarían las angustias y los mil ataques naturales herencia de la carne. En efecto, «infinitamente deseable» llega a parecerle a Marie el infierno si con él se acaba la tortura de la angustia, pues, según nos dice, los peores sufrimientos no son nada en comparación con ella. Sobre todo cuando, caídos todos los velos y sin la defensa de las obsesiones, la angustia «ya no estaba vinculada a ningún motivo, nada la limitaba, ya nada en mí se le podía resistir, lo había sumergido todo».

Si de la muerte como solución se trataba —aunque acompañada con esa nueva forma de muerte en vida o vida en la muerte que sería el infierno— es porque era el único medio que parecería seguro para acabar de una vez por todas con esa perturbación que supone para el sujeto habitar un cuerpo vivo —la que en psicoanálisis se llama pulsión—.

A pesar de todo, en este momento, algo en lo que queda de Marie trata de elevarse hacia Dios en un singular *De profundis* que, más que como llamada, ella califica de intento de un grito. Y resulta notable que, en esa vecindad de la muerte, lo más perturbador sean aquellas manchas de color empeñadas en una danza infernal, eco del interés que en su día había tenido por los colores y las líneas, interpretado por ella misma certeramente como el último vestigio de un vínculo con la vida cuando estaba del todo invadida por sus obsesiones.

¿Qué queda después de que el sujeto ha sido capaz, a pesar de todo, de implorar la detención de la tortura química? Aunque ha pasado un tiempo considerable entre los acontecimientos y su relación escrita, la descripción precisa que hace Marie de su estado posterior a la interrupción de la cura de sueño en Bonneval parece precisa y los detalles que da son significativos. Porque lo ocurrido tiene consecuencias: no hay un retorno a un estado anterior, sino un final a partir del cual se plantea la posibilidad de un nuevo inicio.

En su balance, Marie habla de su descubrimiento —al final lo ha comprendido— de que los síntomas obsesivos mismos, que han desaparecido, eran una defensa. Más aún, eran algo que el propio sujeto había construido, algo con lo que se había identificado, algo que, incluso, «la expresaba» —no hay forma más luminosa de decirlo—. Por este motivo, como ella misma le confiesa a Lacan en su escrito, sintió en aquel momento la gran tentación de volver a las obsesiones como algo que había mantenido una impresión de vida. De hecho, eran lo que en ella estaba más vivo.

En cuanto a la experiencia de la muerte subjetiva, ha dejado su huella permanente. Los primeros días, en forma del temor de una muerte inminente. Luego, en forma de una desvitalización que ha venido para quedarse. De hecho, la brevedad de la vida es un alivio, la existencia misma es aceptada como una apariencia de vida, un resto mínimo que el sujeto acepta conservar por conformarse a la voluntad de Dios en contra de una atracción constante por la no existencia. Es ahí donde se inscribe lo que Marie presenta como el primer paso, decisivo aunque mecánico, de iniciar una nueva travesía del desierto a partir de un paso infinitesimal.

Por otra parte, la ansiada recuperación de la vida espiritual no se ha producido. Con la desaparición de las obsesiones han desaparecido también los que ya eran meros vestigios de vida espiritual. De este modo, por otra parte, parece confirmarse el veredicto que había descalificado dicha vida espiritual como marcada por la falsedad en el brote delirante.

En vez de luchar contra esto y tratar de desmentirlo, la solución pasa por una aceptación del colmo de la indigencia y el empobrecimiento. La posibilidad de una recuperación de la vida espiritual, incluso de la capacidad para la oración —es decir, para recuperar su diálogo personal con Dios— queda remitida a un tiempo indefinido. Marie acepta esta suspensión porque ha entendido que el vínculo entre las obsesiones y la conciencia espiritual es mucho más profundo de lo que había supuesto: «el lugar donde las obsesiones se habían anudado en mí era el de la conciencia espiritual [...] el lugar del conflicto del que habían nacido estaba mucho más allá de todo lo que no es sino muy superficial». Quedará pendiente, por tanto, la posibilidad de un reanudamiento de ese aspecto fundamental de su vida al que ahora se ha visto obligada a renunciar.

Queda fuera del alcance de este volumen examinar cómo Marie pudo encontrar un acceso distinto a la vida espiritual. De conseguirlo, debería tratarse de un modo que no le aportara los intensos gozos que antes había experimentado, pero que la mantuviera alejada del peligro de reincidir.

Por el momento, desde su vuelta al convento, la vía que toma es la que ella llama del «trabajo» —más adelante, como sabemos, esto incluye situarse ella misma en el lugar del terapeuta— hecho contemporáneo a la redacción del texto «De la angustia a la paz». De momento el vacío es completo y justifica que Marie hable de la siguiente etapa de su vida como de una «reeducación». Es entonces cuando las ganancias de saber obtenidas en el análisis con Lacan parecen empezar a desplegar su eficacia, a lo largo de esos tres años cubiertos por la relación dirigida al analista.

Resumiendo estas ganancias del análisis, podemos detallar muy brevemente para terminar: en primer lugar, la posibilidad de resituar lo ocurrido en Bonneval en una continuidad con respecto a los acontecimientos de la primera infancia y, en particular, en relación a la madre, como figura de un superyó implacable. En segundo lugar, aceptar la responsabilidad del sujeto en términos distintos de la culpabilidad. En tercer lugar, admitir la importancia de lo que Marie llama su agresividad, que dice haber dejado de querer destruir para poder «servirse de ella»; esto en el contexto de una elaboración sobre lo que llama «las tendencias», su nombre para la pulsión (y tema sobre el que más adelante hará un trabajo teórico-clínico, presentado en 1957 en un congreso sobre psicoterapia). En cuarto lugar, una aceptación de su «originalidad», vinculada a la decisión de no ceder en su deseo. Finalmente, la subjetivación de una forma de límite. En esto último, lo que Marie califica como la experiencia de terror en Bonneval tiene en sí misma un papel decisivo, pero nos queda la pregunta sobre la importancia que, en este sentido, pueden haber tenido los distintos momentos en los cuales, en la transferencia, el analista ha encarnado un no —el de un Otro que se puede separar del sujeto, no gozar de él.

Lo que sabemos de la vida ulterior de la vida de Marie se inscribe bajo el signo de una dificultad para volver a Dios

(1960), una «curación» que se alarga en el tiempo, al modo de una «imperceptible evolución», dominada en todo momento por un sentido de la aridez, una sequedad tal que no da pie a retomar la experiencia pasada, sólo a «crear desde cero» (1970).

En este contexto, la metáfora que surge y que se instala es la del desierto. Y la de un Dios concebido como lo que se encuentra al final de la travesía del mismo, que de hecho coincidiría con la muerte. Este desierto es descrito como «el lugar donde ya no hay nada: sólo la tierra y el cielo y, entre ambos, el ser humano con sólo la tierra que hace falta para poner en ella los pies».

En cuanto a las iluminaciones místicas deslumbrantes del pasado, únicamente son retomadas a través de un trabajo de re-escritura (dactilografiado y corrección de los manuscritos). Pero esos mismos textos y la experiencia que describen están marcados por una radical alteridad: «[...] es como si no se tratara en absoluto de mí». En ese momento, Dios sólo se manifiesta bajo la modalidad de un misterio mudo. Marie permanece entonces en una adhesión silenciosa, en lo que ya no es una experiencia mística, sino lo que ella misma describe como «la noche y la no-experiencia».

Así, en la soledad más completa del eremita —la congregación ha abandonado Flavigny y ella permanece en unas viejas dependencias— se prepara desde 1977, tranquila y feliz, para una muerte que llama «su Pascua». Marie de la Trinité muere, en soledad, el 21 de noviembre de 1979.

* * *

Terminemos con una muestra de cómo el saber adquirido se convierte en lo que, con Lacan, podríamos llamar *savoir y faire* (saber arreglárselas) con el síntoma, no sin una adecuada articulación con el plano espiritual. Mientras que en el pasado la anorexia había sido uno de los síntomas más graves y torturantes, en 1978 Marie de la Trinité aconseja en estos términos a su hermana, que compartía con ella cierto furor penitencial alimentario: «Cuando decimos al Señor "Que se haga tu voluntad": ¿acaso no debe esto incluir en la raíz la aceptación de las condiciones de existencia que Él ha querido para nosotros? Estas son las de un espíritu encarnado = el Verbo se hace carne [...] El cuerpo y la mente están tan imbricados en nosotros que o se prestan un mutuo socorro, o bien una mutua desagregación [...] A un ser humano tal como Dios se ha tomado la molestia de amasarlo Él mismo, ¡nunca van a crecerle alas!».

Flavigny — La Porte du Val

El convento de las Dominicas de los Campos, en Flavigny.

Bibliografía

Sanson, Ch. (2005). *Marie de la Trinité. De l'angoisse à la paix*, Éditions du Cerf, París.

Nuestra principal fuente de información ha sido esta biografía, llevada a cabo por la que fue amiga personal de Marie de la Trinité. Se basa en las muy diversas fuentes a las que la autora ha podido acceder, algunas de las cuales están disponibles en diversos archivos de la congregación de las dominicas de los campos y de los hermanos predicadores. Parte de los documentos tienen el acceso restringido y una buena parte no han sido publicados. Christiane Sanson cita a menudo literalmente sus fuentes, lo cual permite acceder de modo indirecto a muchos documentos importantes, aunque no a la parte cuyo acceso está todavía limitado.

Aflalo, A. (2009). «L'exception mystique au XXe siècle», *Lettre Mensuelle*, n° 279, págs. 26-29.

Arènes, J. *et al.* (2010). *Marie de la Trinité: Union à dieu et filialité, Mystique et épreuve (Épiphanie)*, Éditions du Cerf, París.

Jeannot, K. (2008). *Le cas «Marie de la Trinité (1903-1980)»: de la mystique à la religion, de La femme à l'hystérie, de la névrose à la psychose, en passant par la démonologie. Étude clinico-spirituelle; d'une «plaque tournante» de la clinique,* Universidad de París VIII, Departamento de Psicoanálisis, memoria de máster de investigación de 2º curso, dir. Alberti, Ch.

Miller, J.-A. (2007). «Marie de la Trinité», *Quarto, revue de psychanalyse,* ACF-Belgique, n° 90.

Algunas obras de Marie de la Trinité y correspondencia

De la Trinité, M. (2016). «Le mystère de paternité (7 janvier 1943-31 mai 1944)», en *Carnets,* vol. 4, Éditions du Cerf, París.

— (2009). «Les grandes grâces: 11 août 1929-2 février 1942», en *Carnets,* vol. 1, Éditions du Cerf, París.

— (2003a). *De l'angoisse à la paix: relation écrite pour Jacques Lacan,* Éditions Arfuyen, París.

— (2003b). *Entre dans Ma Gloire: carnets 1942-1946,* Éditions Arfuyen, París.

— (2002a). *Consens à n'être rien: carnets 1936-1942,* Éditions Arfuyen, París.

— (2002b). *Le petit livre des grâces,* Éditions Arfuyen, París.

De Saint Jean, M. y de la Trinité, M. (2016a). «Sous le voile: 17 mai 1941-19 décembre 1950», en *Correspondance*, vol. 2, Éditions du Cerf, París.

— (2016b). «Les deux oliviers: 14 janvier 1951-31 mars 1969», en *Correspondance*, vol. 3, Éditions du Cerf, París.

— (2013). «L'abîme appelant l'abîme: 27 novembre 1928-28 août 1940», en *Correspondance*, vol. 1, Éditions du Cerf, París.